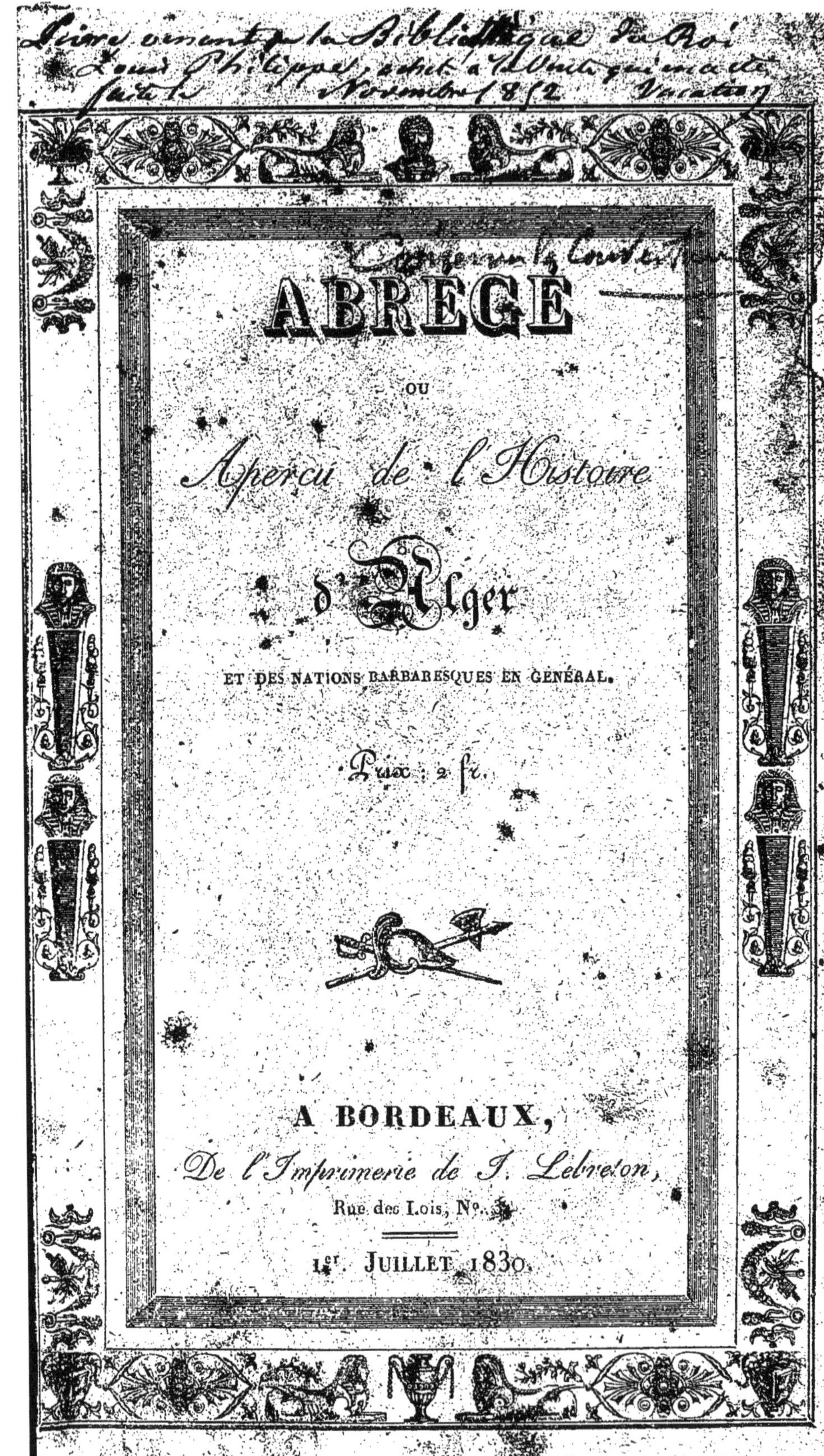

ABRÉGÉ

OU

Aperçu de l'Histoire d'Alger

ET DES NATIONS BARBARESQUES EN GÉNÉRAL.

Prix : 2 fr.

A BORDEAUX,

De l'Imprimerie de J. Lebreton,

Rue des Lois, N°. 5.

1er. JUILLET 1830.

ABRÉGÉ

OU APERÇU

DE L'HISTOIRE D'ALGER,

ET DES NATIONS BARBARESQUES EN GÉNÉRAL,

SUIVI

D'un Tableau synoptique des crimes, des forfaits, des horreurs et des brigandages de tout genre des pirates africains ; des souffrances et des tourmens affreux qu'ils font éprouver à ceux qui tombent entre leurs mains cruelles, aux malheureuses victimes qui en deviennent la proie ; d'un coup d'œil général sur les principales expéditions qui ont déjà eu lieu contre ces féroces brigands ; de celle qu'entreprennent aujourd'hui contre eux la France et quelques autres puissances :

OUVRAGE

Auquel on a ajouté un nouvel appel à tous les Gouvernemens éclairés et humains, pour se réunir et s'armer au plus tôt contre ces illustres voleurs, ces sacriléges parjures, qui ont persévéré depuis tant de siècles à les insulter, qui violent honteusement à la fois et le droit des gens et les lois de la paix et de la guerre et les règles de la civilisation et les convenances de la société et la sainteté des sermens, et enfin tous les principes les plus clairs et les plus sacrés de l'humanité, pour les châtier et leur infliger une punition signalée et méritée ; punition que commandent impérieusement la justice, l'ordre et surtout la sûreté des états commerçans ! ! !

Par un Ami de la justice et de l'humanité.

À BORDEAUX,

DE L'IMPRIMERIE DE J. LEBRETON, RUE DES LOIS, N°. 3.

AVANT-PROPOS.

DIEU a créé tous les êtres et principalement les hommes pour sa gloire et pour leur propre bonheur. A cet effet, pour atteindre cette fin sublime, il a fallu nécessairement leur fournir les moyens, leur donner des règles fixes de conduite propres à les ramener à ce terme désiré de leur création. Aussi voyons-nous qu'effectivement il a sagement gravé dans leur cœur l'idée d'ordre, de justice et de paix, et il fait qu'ils se conforment dans leurs volitions et leurs actions à ces règles invariables et nécessaires d'harmonie, de conservation et de perfection. Toutes les nations, tous les peuples sur le globe, de quelque opinion politique ou religieuse qu'ils fussent d'ailleurs, ont toujours senti, reconnu la force, la justesse et la nécessité absolue de ces lois primitives et éternelles, et l'obligation sacrée où ils étaient de les respecter et de les exécuter. Il n'y avait que quelques hommes dénaturés et déréglés qui les ont méconnues, et qui ont voulu s'écarter des principes dont la pratique fut si essentielle à leur bonheur et à celui de l'espèce humaine. Parmi le petit nombre de peuples réunis en forme de société, qui ont méconnu ou violé d'une manière honteuse et criminelle ces lois admirables dont je viens de parler, se trouvaient quelques hordes sauvages, obscures, errantes dans des bois ou dans les vastes solitudes de déserts arides et affreux, quelques anthropophages ou cannibales féroces, mais jamais un peuple, tant soit peu éclairé, n'a osé, n'a même voulu violer d'une manière publique et continuelle ces règles éternelles d'ordre et d'équité que le Créateur a prudemment établies pour le bien général du genre humain, et que toutes les diverses sociétés qui se trouvent sur la terre ont unanimement adoptées et suivies depuis le commencement des choses. Les Algériens seuls, et quelques autres des nations barbaresques ont osé effrontément pousser la *déhonte*, l'audace, la perfidie et la scélératesse jusqu'à mépriser et à fouler sous leurs pieds profanes ces règles invariables et éternelles de la loi naturelle, de la morale universelle, du droit des gens, des convenances de la société, de la foi des traités, de la sainteté des sermens, de l'honnêteté, de la probité, de la justice, de l'inviolabilité de la propriété, des sentimens du vrai, du beau, etc., etc. Ils se sont donc rendus coupables de lèse-divinité et de lèse-humanité, c'est-à-dire des plus grands crimes que des êtres intelligens et raisonnables puissent commettre. Ils ont donc donné le plus grand scandale à la société et à l'espèce humaine en général, donc ils leur doivent une réparation éclatante, une satisfaction complète. Donc ils doivent la faire, la donner le plus tôt possible, ou bien les différentes puissances formant la grande famille du genre humain doivent s'entendre, se réunir, concentrer leurs forces éparses et les diriger en masse contre ces coupables, ces violateurs de toutes lois tant divines qu'humaines, et les punir d'une manière exemplaire pour tant d'insultes faites, pour tant de forfaits commis, afin que ce grand scandale cesse d'épouvanter la société, que les lois universelles, conservatrices des institutions humaines, soient remises en vigueur, et que l'ordre, l'harmonie et la paix soient ainsi désormais rétablis dans le monde social.

Toutes les nations et différentes sociétés sur la terre, ainsi que les particuliers, sont appelés, strictement obligés d'observer et de faire observer ces principes éternels d'ordre, etc., dont je viens de parler; car, s'il arrive que quelque nation ose les violer, elle doit être aussi sévèrement, et même plus rigoureusement punie encore que les particuliers, parce que l'exemple est plus funeste, le scandale donné est plus affreux et dangereux. L'auteur de la nature a chargé les gens vertueux, et principalement les nations et les gouvernemens, de l'honorable soin de faire observer et exécuter ces lois immuables de justice et de vérité. De manière que s'il arrive que, par un dérèglement honteux et un abus horrible, quelque nation s'oublie jusqu'à violer ces règles invariables, alors les autres nations sont obligées de se réunir, de s'entendre, de se constituer en juge et de citer devant son tribunal cette nation coupable, lui faire son procès, la juger, la condamner et la punir, parce que la non punition d'un tel scandale, d'un tel crime énorme, serait infiniment dangereuse pour l'ordre universel, le repos et la paix du monde. Or, voilà précisément ce qui est arrivé depuis long-temps à l'égard d'Alger et de quelques autres puissances barbaresques. Il est donc évident, d'après les principes que je viens de poser, et qui sont tous puisés dans la loi naturelle, dans la morale universelle et dans l'idée que la raison nous donne de l'ordre en général, que les autres nations sont tenues, d'après le vœu positif de la nature, et sous peine de la plus terrible responsabilité, de se hâter de punir ces peuples qui se sont rendus coupables d'un si grand crime, d'une violation si manifeste et si criante de l'ordre et de l'harmonie, de la justice et de l'équité. Tel est le vœu de la nature, telle est la marche qu'il faut nécessairement suivre pour entretenir l'ordre, l'harmonie et la justice toutes les fois que les hommes ou les nations s'en écartent par un oubli criminel de leurs devoirs, par un abus scandaleux du droit des gens, par un renversement total des principes que la nature elle-même a sagement établis. C'est le seul remède efficace pour une telle maladie, le seul moyen possible pour empêcher un pareil crime, une infraction si horrible des lois conservatrices, si nécessaires pour gouverner et conserver la société.

Il est bien déplorable et affligeant de penser que l'on soit obligé, forcé d'avoir recours à de pareilles mesures de sévérité, à de semblables moyens de répression pour faire rentrer l'homme dans le cercle de ses devoirs : car la guerre est sans contredit le plus grand et le plus redoutable fléau qui peut ravager la société et affliger l'espèce humaine. Et, en effet, qu'y a-t-il de plus affreux, de plus terrible, que de voir deux puissantes armées en présence acharnées l'une contre l'autre, prêtes à en venir aux mains, actuellement aux prises l'une avec l'autre, pour s'égorger impitoyablement comme des bêtes féroces et sanguinaires? Elle nous offre l'idée de souffrances, de mort, de destruction, de néant que la nature abhorre et fuit. Pour moi, j'avoue que je ne connais rien qui nous présente une idée si affreuse que le tableau d'un champ de bataille, une pensée si horrible que le dénouement d'un tel drame: car l'homme est né pour aimer et chérir ses semblables, son cœur l'y porte naturellement, à moins qu'il soit dépravé et corrompu. De manière qu'au premier mouvement de la nature, la guerre semble être contre toutes les lois tant divines qu'humaines.

Il n'est donc jamais permis de faire la guerre, excepté en deux cas, savoir : 1.° lorsqu'il s'agit de sa propre et légitime défense ou de celle de la patrie, pour repousser un ennemi qui vient attaquer notre vie et y enlever notre bien ou envahir notre pays; et 2°. lorsqu'il s'agit de rendre justice, de châtier des gens coupables et de punir des nations criminelles qui ont commis de grands forfaits et d'injustices criantes envers nous-mêmes, ou les autres nations, en violant ces lois éternelles de l'ordre et de l'harmonie et de l'équilibre dont j'ai parlé plus haut. Hors de ces deux cas, la guerre est toujours injuste, atroce et homicide. Toute guerre tombant sous ces deux chefs, revêtue de ces qualités, possédant ces conditions, déclarée sous de tels auspices, entreprise dans ce dessein, commencée pour de telles causes, faite avec de pereilles vues, conduite pour de semblables raisons, terminée pour des motifs aussi purs, est non seulement juste, mais même nécessaire, indispensable, car autrement le désordre, l'injustice et le brigandage lèveraient leur crête hideuse et triompheraient partout, et par conséquent ébranleraient et détruiraient bientôt toute société. La guerre en pareil cas perd les traits de sa férocité, de sa cruauté, de son injustice et de son inhumanité naturelles, et prend un caractère de noblesse, de dignité, de justice et d'humanité !

Tel est précisément le genre de guerre que la France entreprend aujourd'hui contre les Algériens. Il faut donc espérer que leurs efforts généreux et leurs armes irrésistibles seront couronnés d'un plein succès, que leurs aigles victorieuses flotteront au haut du môle d'Alger, et qu'ils rendront à la liberté, à la lumière et à la vie civile des millions de captifs qui gémissent au fond obscur et humide de donjons, de mines et de carrières, sous le poids des chaînes et des travaux accablans de l'oppression, en brisant le sceptre de la tyrannie et du despotisme!

Outre tant de reproches et d'accusations si bien mérités que l'on peut faire à si juste raison aux Algériens, on peut ajouter celui de la mauvaise forme de leur gouvernement qui est une espèce de gouvernement militaire, despotique et *asiatiquement* absolu, et pèche dans ses fondemens, dans son organisation qui est essentiellement vicieuse dans ses principes constitutifs qui tendent tous directement de leur nature à rendre le chef politique tyran, et les citoyens esclaves, sujets à chaque instant à être les victimes malheureuses de son caprice, de son arbitraire et de son despotisme, sans avoir autre loi pour les gouverner et les défendre, ainsi que leurs propriétés, que le bon plaisir d'un despote, que les dictées de sa vanité, de sa fierté et de son orgueil insensé. Un tel gouvernement est nécessairement exposé à des réactions continuelles entre le gouvernement et les gouvernés : aussi y voit-on très-souvent de scènes affreuses de carnage horrible de part et d'autre, suivant que la marée de leurs passions s'élève plus ou moins haut. On y a vu massacrer dans le même jour, tantôt de milliers de sujets paisibles, tantôt jusqu'à cinq deys qui ne venaient que d'être placés sur le trône. C'est un système impie, sous l'empire malfaisant duquel l'homme devient nécessairement stupide, brutal, corrompu, pervers, méchant, double, traître, fourbe, égoïste, lâche, pusillanime, perfide, et enfin coupable de toutes les fautes, imperfections et crimes qui avilissent, dégradent et déshonorent le plus l'espèce humaine ; système dangereux, sous l'influence pernicieuse duquel le commerce, l'industrie, les arts, les métiers, les sciences, les connaissances humaines en général, enfin tout ce qui est nécessaire au bonheur et à la félicité de l'homme languit et périt inévitablement ; système oppresseur, injuste et tracassier, qui n'est pas moins contraire aux préceptes sacrés de la religion qu'aux sages principes de la raison et de la philosophie ! Il n'est donc pas difficile de voir qu'un tel système de mauvaise législation porte essentiellement en soi les germes de sa propre destruction. De manière que ce gouvernement si imparfait et si injuste ne peut long-temps exister ; il doit nécessairement tomber tôt ou tard, à proportion que ce malheureux peuple sortira de son état présent d'ignorance, de barbarie et de dégradation, et que le flambeau brillant de la raison l'invitera et le conduira vers la civilisation, la perfection et le bonheur ! Il importe donc infiniment à tous les amis d'une sage liberté et à tous les hommes en général, que cette forme imparfaite, immorale et monstrueuse de gouvernement naturellement et essentiellement tyrannique et despotique, inique et injuste, soit détruite au plus tôt et disparaisse à jamais de dessus la terre pour faire place à une autre plus conforme à la raison, à la philosophie et à la religion, et enfin plus convenable et appropriée aux besoins de la société ; espèce de gouvernement soldatesque continuellement exposée à des changemens, à des orages et à des révolutions terribles, qui établit et autorise au centre du monde un despotisme militaire et oppressif, qui ne reconnaît qu'un seul homme et un seul homme libre dans tout le royaume algérien, dégrade les autres et ne les considère que comme de vils et méprisables esclaves totalement indignes de jouir des priviléges de l'homme. Il est donc évident qu'un tel gouvernement qui se trouve en opposition directe avec tous les principes reconnus d'une bonne législation, est un scandale permanent qui existe et donne le plus mauvais exemple aux autres nations, comme pouvant porter un jour atteinte à leur liberté, à leur indépendance et à leur félicité. On doit donc se hâter à le détruire, ou à le changer ou à le modifier de quelque manière qu'il soit, avant que des suites funestes et des résultats déplorables n'arrivent de son état de permanence !

Depuis plusieurs siècles, les corsaires et les brigands des côtes de l'Afrique sont un objet de terreur et d'épouvante pour tous les vaisseaux européens qui voguent dans la mer Méditerranée et les autres parages voisins. Semblables à des chasseurs animés de l'amour d'un plaisir cruel, ils parcourent en tout sens l'Océan en la recherche du butin et des richesses. Dans ces courses dévastatrices rien ne leur est sacré ; ils ne respectent aucun pavillon, n'observent aucune loi ni traité, pillent, massacrent, égorgent impitoyablement, sans distinction et sans compassion l'équipage de tout vaisseau qu'ils rencontrent ou qui tombe entre leurs mains cruelles et sanguinaires ; ou bien s'ils leur laissent quelquefois la vie par un raffinement de malice et de cruauté, ce n'est que pour prolonger leurs souffrances et leur mort en les jetant dans des donjons obscurs et en les réduisant à l'état le plus dur de l'esclavage le plus dégradant et le plus insupportable : de manière qu'on peut les appeler à juste titre, des *voleurs*, des *écumeurs de mer*, infiniment plus dangereux et redoutables encore pour ceux qui tombent entre leurs mains impitoyables, que ne le sont les requins et les autres monstres de l'abîme pour ceux qui font naufrage : de véritables scélérats qui ne respectent aucune règle ni convention ; pour qui la voix de la raison, les dictées de la conscience, les principes de la loi naturelle et les préceptes de la morale universelle ne sont que de vains mots, des songes fugitifs, des rêves crus. De sorte que la justice, l'équité, le commerce, la libre navigation des mers, la paix et la sûreté du monde exigent impérieusement et sans délai, que ces violateurs de tout traité et de toute loi, ces ennemis déclarés de l'humanité et de la liberté soient punis d'une manière exemplaire, et refoulés, relégués dans l'intérieur de l'Afrique pour y vivre parmi les bêtes sauvages moins féroces et sanguinaires qu'eux. Souvent châtiés et menacés de destruction, mais se relevant toujours pour commettre de nouveaux brigandages et de nouveaux outrages, la continuité de leurs déprédations, la tolérance occasionnelle de leurs cruautés, la soumission des états les plus puissans aux chefs rapaces, cupides de ces pirates, sont depuis long-temps les fléaux des États du monde civilisé. Depuis la première époque de leur puissance sous le trop fameux Barberousse, les nations de l'Europe ont été presque sans interruption, engagées dans les guerres les plus étendues et les plus hasardeuses. Des coalitions de toute espèce se sont formées, soit dans des vues d'agrandissement ou de sûreté politique ; mais jamais entreprise, bien concertée ou bien secondée, suivie, n'a été jusqu'ici tentée contre ces ennemis jurés des nations les plus éclairées, et conséquemment les plus puissantes du globe.

Le moment qui va décider si les puissances de l'Europe seront encore tributaires d'une poignée de brigands, est enfin arrivé ; la croisade qui va marcher aujourd'hui vers les côtes d'Afrique, est la seconde qui ait été entreprise au nom de l'humanité, et il y a tout à espérer qu'elle sera suivie d'un prompt succès et des avantages précieux pour le commerce en général.

Je viens aujourd'hui pour élever ma voix en faveur d'une des plus belles entreprises qui aient jamais occupé l'attention de l'homme ; je viens appeler l'attention des nations civilisées et commerçantes à un sujet qui les touche de près ; je viens signaler aux amis de l'humanité, de l'ordre et de la justice, un foyer immense de désordre, d'insulte, de scandale et de brigandage qui existe depuis des siècles au centre du monde, au détriment de l'intérêt général des pays policés, leur faire voir et sentir vivement la nécessité absolue qu'il y a d'y apporter un remède prompt et efficace ; je vais soumettre un projet d'adresse aux puissances chrétiennes touchant une question des plus importantes en soi et en ses conséquences. Je vais plaider la cause de la justice, de l'innocence et de l'honneur, briser les fers des captifs innocens. Il s'agit de réclamer les droits sacrés de l'humanité et d'effacer, j'ose le dire, la honte de l'Europe et de la chrétienté. Les divers gouvernemens, en abolissant la traite des noirs, semblent avoir indiqué à notre émulation, l'objet d'un plus grand triomphe : faisons cesser l'esclavage des blancs, qui n'est pas moins odieux et criminel. Cet esclavage honteux et avilissant existe depuis trop long-temps sur les côtes de la Barbarie ; car, par un dessein particulier de la Providence, qui place l'exemple du châtiment là où la faute a été commise, l'Europe payait à l'Afrique les douleurs qu'elle lui avait apportées, et lui rendait esclaves pour esclaves, mal pour mal.

Dans ces pays on voit encore les ruines de Carthage ; on rencontre parmi ces ruines les successeurs de ces malheureux chrétiens, pour la délivrance desquels Saint Louis et tant d'autres héros firent le sacrifice de leur vie. Le nombre de ces victimes augmente tous les jours. Avant la révolution, les corsaires de Tripoli, de Tunis, d'Alger et de Maroc étaient contenus par la surveillance de l'ordre de Malte, nos vaisseaux régnaient sur la Méditerranée, et les pavillons des Anglais et des Français faisaient encore trembler les infidèles : profitant de nos discordes, ils ont osé insulter nos rivages. Ils viennent naguère d'insulter la population d'une île entière : hommes, femmes, enfans, vieillards, tout a été enlevé et plongé dans la plus affreuse servitude. N'est-ce pas aux Français et aux Anglais nés pour la gloire et les entreprises généreuses, magnanimes et humaines, d'accomplir enfin l'œuvre commencée par leurs aïeux ? C'est en France que fut prêchée la première croisade ; c'est en France qu'il faut lever l'étendard de la dernière, qui doit avoir pour objet la justice, l'ordre et l'humanité, sans sortir toutefois du caractère du temps, et sans employer des moyens qui ne sont plus dans nos mœurs. Je sais que nous avons peu de choses à craindre pour nous-mêmes des puissances de la côte d'Afrique ; mais plus nous sommes à l'abri, plus nous agirons noblement en nous opposant à leurs injustices et cruautés. De petits intérêts de commerce ne peuvent plus balancer les grands intérêts de l'humanité : il est temps que ces peuples civilisés et puissans s'affranchissent des honteux tributs qu'ils paient à une poignée de barbares faibles et impuissans.

Si cette proposition est agréée des amis de l'humanité et de l'ordre, et qu'elle se perde ensuite par des circonstances étrangères, du moins leur voix se sera fait entendre ; il leur restera l'honneur d'avoir plaidé une si belle et une si juste cause. Tel est l'avantage inappréciable de ces gouvernemens représentatifs, par qui toute vérité peut être dite, toute chose utile proposée : ils changent les vertus sans les affaiblir ; ils les conduisent au même but, en leur donnant un autre mobile. Ainsi nous ne sommes plus des chevaliers, mais nous pouvons être des citoyens illustres ; ainsi la philosophie pourrait prendre sa part de la gloire attachée au succès de cette entreprise utile, et se vanter d'avoir obtenu dans un siècle de lumières, ce que la religion elle-même tenta inutilement dans des siècles de ténèbres. Voici donc, en un mot, le projet que je propose : je demande qu'il soit présenté une pétition à toutes les chambres de l'Europe : dans cette adresse, elles seront suppliées de prendre les moyens convenables d'écrire ou de faire écrire à tous les gouvernemens de l'Europe, à l'effet d'ouvrir des négociations générales avec les puissances barbaresques, pour déterminer ces puissances à respecter les pavillons des nations européennes, à mettre un terme à l'esclavage des chrétiens, et enfin à tous leurs autres brigandages.

ABRÉGÉ

OU APERÇU

ET DES NATIONS BARBARESQUES EN GÉNÉRAL.

INTRODUCTION.

AVANT de tracer le tableau révoltant des horreurs et des atrocités commises par les pirates des pays barbaresques, connus sous les noms de royaumes d'Alger, de Tunis, de Tripoli, de Fez et de Maroc, et de faire la peinture des supplices qu'ils se plaisent à faire endurer aux esclaves chrétiens, nous croyons devoir jeter un coup d'œil rapide sur l'origine de ces nations naissantes, de ces peuples barbares, sur leurs mœurs, leurs coutumes, leurs usages, leurs habitudes, leur commerce et leurs forces. Nous y joindrons quelques observations propres à donner des éclaircissemens sur plusieurs faits dénaturés par les historiens qui ont écrit sur ces peuples; ce qui mettra les personnes à même de pouvoir mieux juger ce qu'elles doivent en penser.

CHAPITRE Ier.

Du Royaume d'Alger.

Le royaume d'Alger tire son nom de sa capitale ; il est fameux dans les annales historiques par ses corsaires, qui souvent ont osé attaquer les plus puissans états du monde. Ce royaume fait partie de la Barbarie en Afrique : à ce nom de Barbares donné aux peuples de ces contrées, se rattachent ceux de férocité, de cruauté, d'injustice, d'irréligion et d'inhumanité, dont ils ont donné pendant si long-temps, et donnent encore malheureusement des exemples si déplorables, et qui déshonorent l'espèce humaine.

Ce royaume qui, selon la plupart des auteurs, était la Mauritanie Césarienne, est situé sur la côte septentrionale d'Afrique, entre le 5e. degré de longitude ouest du méridien de Paris, et le 7e. degré est, et entre les 32e. et 37e. degrés 22 minutes de latitude nord, et entre les 16e. et 26e. de longitude. Sa plus grande largeur du nord au sud est d'environ 100 lieues, et sa longueur de l'est à l'ouest est 220 lieues. Il est borné au nord par la Méditerranée, à l'ouest par l'empire de Maroc, au sud par le grand désert de *Sahara*, à l'est par le royaume de Tunis.

Le climat y est assez tempéré ; des pluies abondantes et des sources nombreuses y entretiennent de la fraîcheur. Les chaleurs de l'été n'y brûlent pas les feuilles des arbres, et la rigueur des hivers ne les dessèche jamais.

Ce pays est traversé au sud par les chaînes des montagnes qui se détachent de l'Atlas, et appelées le *Lowat* et l'*Ammer;* elles sont peu élevées et couvertes de forêts et de vignes jusqu'à leur sommet. Le mont *Jurjura,* un des plus hauts de la Barbarie, s'étend dans la direction du nord-est au sud-ouest, sur une longueur d'environ dix-huit lieues : les chaînes *Wanougah* et *d'Auress* en forment la continuation à l'est : leurs sommets, presque toujours couverts de neige, sont entrecoupés de rochers énormes et de précipices affreux. Ces hauteurs arrêtent les nuages qui viennent du nord, les condensent et provoquent ainsi les pluies auxquelles cette contrée doit une partie de sa fertilité ; ce sont elles encore qui forment les bassins, ou contiennent les sources d'un grand nombre de rivières ; les principales sont : la *Moulonia,* dont l'embouchure sert de limite à l'état de Maroc ; le *Schellif,* qui décrit un grand demi-cercle et a un cours de plus de cent lieues ; le *Ouad-Djeyd,* qui coule vers le sud dans le désert, et va se perdre dans le lac de *Melgig,* au pays de *Zab ;* le *Jovah*, le *Rennel* et le *Scibus* descendent des montagnes et se jettent dans la Méditerranée. Le *Miskiana* prend sa source vers l'est et arrose la partie septentrionale du royaume de Tunis.

Il y a des rivières et sources salées ; on connaît aussi plusieurs sources minérales.

Les tremblemens de terre sont fréquens, sans être redoutables.

Les lacs principaux sont ceux de *El-Shot, Ukuss, Titteri* et *Melgig*.

La côte offre un grand nombre de caps et de golfes, la plupart dangereux ou inabordables : l'intérieur contient plusieurs déserts sablonneux ; le plus vaste est celui d'*Angad,* qui sépare l'état de Maroc de celui d'Alger.

Le sol de cette partie de la côte africaine, quoique généralement léger, sablonneux et entre-semé de rochers, est sur beaucoup de points d'une fertilité étonnante; la végétation naturelle, riche et active, qui s'y montre, est une preuve de la libéralité avec laquelle la terre récompenserait les travaux des agriculteurs, s'il pouvait y en avoir dans un état où l'on compte un maître absolu et tyrannique et des esclaves vils et dégradés, vivant au jour la journée, n'ayant d'autre soin que de se procurer un peu de nourriture et de conserver leur tête, mais sans patrie et sans aucun intérêt à la prospérité générale.

Le sein de la terre renferme de riches mines de plomb et de fer; le sel y abonde, et les bords de la mer offrent aux pêcheurs de très-beau corail.

Les Romains, les Vandales, les Grecs, l'ont possédé successivement. Partagé ensuite en plusieurs districts, il fut gouverné par autant de souverains ou cheicks arabes.

L'an 46 avant *Jésus-Christ,* César défit Juba, roi de Mauritanie, qui tenait le parti de Pompée. Juba fut tué, et son jeune fils, envoyé à Rome, où il gagna l'affection d'Auguste, qui le rétablit dans son royaume de Mauritanie, qui fut ensuite envahi par Caligula. Le royaume fut partagé en deux provinces, sous les noms de Mauritanie Césarienne et Mauritanie Tingitane.

Les Vandales, sous la conduite de leur roi Genseric, passèrent en Afrique en 427, et subjuguèrent les deux Mauritanies, qui restèrent sous leur domination jusqu'en 553, où ils en furent chassés par le fameux Bélisaire, général de l'empereur Justinien.

Les Grecs restèrent en possession de la Mauritanie

jusqu'en 663, époque à laquelle les Arabes mahométans s'en emparèrent; ces derniers en furent chassés par les Africains, las de porter leur joug. Le gouvernement en passa successivement à des familles et à des peuples différens. La ligne d'Idrés et celle d'Abderame gouvernèrent assez long-temps; mais ces deux familles furent dépossédées par une branche des Zénetes et des Méqueneces, qui eurent pour successeurs les Magaroces, autre branche des Zénetes. Ceux-ci conservèrent la souveraineté jusqu'à l'année 1051, où Aliel-Texfin, de la tribu des Zinhagiens, subjugua entièrement les Arabes, par la valeur de plusieurs Marabouts, qui commandaient ses troupes. Pour perpétuer la mémoire des glorieux exploits de ces prêtres guerriers, ce peuple reçut le nom de *Morabite*, et par corruption celui d'*Almoravide*. Le conquérant prit le titre d'Emiral Muminin, ou empereur des Fidèles.

Dans le 12e. siècle, le prêtre Mohavédin, aidé des Musamudins, ravagea tout ce pays et détrôna Brahen-Hali, dernier empereur des *Almoravides*. Mohavédin monta alors sur le trône d'Afrique. Ses descendans furent appelés *Mohavédins*, et ensuite *Mohades*, qui furent chassés par les *Binimirins*, de la tribu des Zénetes. Ces derniers furent traités de même par les *Bénioates*, autre branche de la tribu des Zénetes, qui à leur tour furent vaincus par les chefs des Hesceins, descendus des princes arabes qui régnaient dans le 10e. siècle. Pour empêcher que l'Afrique ne sortît une seconde fois de leur famille, ils la partagèrent en plusieurs royaumes, subdivisés en provinces, sous le gouvernement de différens chefs.

Le royaume d'Alger fut divisé en quatre provinces, qui, sous quatre chefs différens, vécurent d'abord en assez bonne intelligence, mais qui se brouillèrent ensuite. Toute la Mauritanie aurait sans doute subi le joug du roi de Bugie, le plus puissant d'entre eux, si l'Espagne, qui jugea à propos d'intervenir au milieu des troubles de ce pays, n'eût envoyé une armée, qui changea entièrement la face de ce pays.

Sous le ministère du fameux cardinal Ximenès, Ferdinand V, roi d'Aragon, envoya, en 1505, une armée en Afrique, qui prit bientôt Oran, et poussant plus loin ses conquêtes s'empara de Bugie et de plusieurs autres places, et obligea bientôt la ville d'Alger de capituler.

La mort de Ferdinand, arrivée en 1516, fit tenter aux Algériens de recouvrer leur liberté. Ils s'adressèrent à cet effet au fameux Aruch Barberousse, corsaire mahométan, né à Mytilène, ville d'Archipel, qui marcha aussitôt vers leur capitale, ayant formé le perfide dessein de se rendre maître pour son compte : ce corsaire hardi chercha à y semer le trouble et la division.

Selim Eutémi, général des Algériens, s'étant aperçu de la faute qu'il avait faite en demandant du secours à Barberousse, fit éclater unanimement avec les habitans son mécontentement. Celui-ci voyant qu'on pénétrait ses desseins ambitieux, et qu'on s'en plaignait vivement, s'abandonna à sa férocité.

Après avoir étranglé lui-même le prince Selim, avec une serviette, dans le bain, fit prendre les armes à ses troupes, qui le proclamèrent roi d'Alger avec une pompe vraiment royale.

Après avoir gouverné ces peuples avec la tyrannie la plus affreuse, et soumis tous les peuples voisins qui tentèrent de le détrôner, il fut attaqué par les Espagnols à huit lieues de Trémecen, et après les efforts d'un courage désespéré, accablé par le nombre, il fut tué sur la place avec tous ses soldats.

Les soldats turcs et les capitaines des galères choisirent, après sa mort, Cheredin, son second frère, pour roi d'Alger, et général de la mer. Son règne fut assez tranquille pendant la première année (1518). Mais au commencement de la seconde, s'apercevant que son gouvernement était odieux aux Algériens, il ne douta point que ce peuple, de concert avec les Maures et les Arabes, ne levât enfin l'étendard de la révolte. En conséquence il eut recours à Selim Ier., empereur de Constantinople, auquel il céda la couronne, sous la seule réserve de la dignité de vice-roi. Cette conduite de Cheredin et ses autres services l'élevèrent à la dignité de capitan-bacha du grand seigneur. Il eut pour successeur, dans sa royauté d'Alger, Assan Aga, renégat de l'île de Sardaigne.

Les corsaires algériens craignaient alors si peu les Espagnols, qu'ils croisaient fréquemment sur leurs côtes; ils débarquaient même quelquefois sur leur territoire, détruisaient le pays, brûlaient les maisons de campagne et les villages, et emmenaient en esclavage ceux des habitans dont ils croyaient la capture la plus avantageuse.

L'an 1541, sous le pontificat de Paul III, Charles Quint, résolu de venger les déprédations des Algériens, équipa une puissante flotte, et voulut commander lui-même les troupes destinées à cette expédition : outre la conquête d'Alger, il se proposait celle de toute la Barbarie. Il était persuadé en outre que rien n'immortaliserait tant son nom que la réduction de ces vastes contrées sous l'étendard de Jésus-Christ.

Il fut secondé puissamment, dans cette entreprise, par

le pape, alarmé des courses de ces corsaires féroces sur les côtes de l'état ecclésiastique. Ce chef de l'église publia une bulle pour se croiser contre eux, et promit des absolutions, des indulgences à ceux qui coopéreraient à cette sainte entreprise, et la couronne du martyre à ceux qui perdraient la vie en combattant vaillamment contre ces infidèles.

Charles Quint partit vers la fin de l'été avec une flotte de cent vaisseaux et de 20 galères, qui portaient 30,000 hommes de troupes choisies.

Un vent favorable porta bientôt devant Alger cette flotte qui alla jeter l'ancre à la hauteur du cap Motipex, à environ deux lieues de la ville, du côté de l'est. L'armée débarqua sans aucune opposition et eut bientôt élevé un fort avec des batteries; le camp fut posé sous le canon de ce fort.

Après avoir fait toutes ses dispositions, l'empereur somma le pacha de se rendre à discrétion, avec menace de passer tous les habitans au fil de l'épée, si la ville était prise d'assaut. Assan demanda quelques jours pour délibérer avec son conseil. Ils lui furent accordés.

D'après les forces qui étaient en marche de toutes parts, il fut résolu dans le divan de se défendre jusqu'à la dernière extrémité.

Charles Quint, ne recevant point de réponse, résolut de donner l'assaut à la ville.; pour s'en rendre maître avant l'arrivée des renforts attendus par les habitans, il fit faire un feu continuel sur la place. Elle se défendait déjà si faiblement qu'il ne douta point de la voir bientôt sous sa puissance. Elle était sur le point de se rendre, lorsque, le 28 Octobre, il s'éleva du côté du nord la plus violente tempête, accompagnée de tremblement de terre. La nuit suivante, 90 vaisseaux ou galères périrent avec leurs équipages et toutes leurs munitions. Le camp posé sous ce fort fut inondé par torrens qui se précipitaient des montagnes. La destruction fut si grande, qu'à la pointe du jour, l'empereur, reconnaissant qu'il ne lui restait plus de ressource que dans la fuite, abandonna tout son bagage, et conduisit en grand désordre le reste de ses troupes au cap Motipex.

Assan, qui observait leurs mouvemens, leur laissa atteindre le bord de la mer ; alors, au milieu de la terreur et du désordre du rembarquement, il tomba sur eux avec la garnison et les habitans d'Alger, et en fit un grand carnage. Outre le grand nombre des tués, ils emmenèrent une multitude d'esclaves.

Depuis le mauvais succès de Charles Quint, le royaume d'Alger avait été une province de l'empire Ottoman, gouvernée par un vice-roi nommé par le grand seigneur. Mais ces rois commettaient des abus infinis, et s'arrogeaient un pouvoir sans bornes. Ils s'emparaient des revenus publics, et dissipaient les fonds destinés au paiement des soldats turcs.

Cette conduite engagea ces mêmes soldats, au 17e. siècle, à faire une députation à la Porte pour représenter la tyrannie des bachas, leur avarice, et le préjudice qui en résultait pour l'état. Ils n'oublièrent point d'appuyer sur la mauvaise administration des fonds envoyés de Constantinople, et sur la retenue de la paye des troupes, qui occasionnait une désertion continuelle. Ces députés insinuèrent qu'il conviendrait qu'une personne de jugement, de probité, de courage et d'expérience, fût choisie parmi les troupes avec le titre de *Dey* ; que ce chef serait responsable des deniers publics et des contributions levées, pour le paiement des troupes, sur les Maures et les Arabes ; ils promettaient que l'armée serait toujours tenue au complet ; que le dey aurait l'inspection sur toutes les autres branches du gouvernement ; que, par tous ces moyens, il pourrait se maintenir par sa propre force, et sans être à charge à la cour ottomane. Ils s'engageaient en outre à regarder toujours le grand seigneur comme leur souverain, et à continuer les mêmes honneurs, salaires et prérogatives à ses bachas, pourvu qu'ils se contentassent d'assister au divan, sans prétendre y donner leur voix, à moins qu'ils n'en fussent expressément requis.

Ces propositions furent goûtées par la Porte, qui fit dresser un plan de gouvernement, conforme à ces propositions. Les députés, de retour à Alger, le communiquèrent au bacha, qui n'eut point de prétextes à y opposer.

L'armée procéda à l'élection d'un dey, qui fit des lois réciproques pour lui et ses sujets. On pourvut en même temps à l'exécution de chaque article du nouveau réglement, et le bacha n'eut plus de part aux délibérations.

Mais l'armée se partagea peu à peu en factions sur le choix du dey. Il arrivait aussi qu'au moindre mécontentement, les uns employaient la force, les autres l'intrigue pour le déposer ou le faire périr ; ils mettaient ensuite à sa place celui qu'ils prévoyaient devoir être le plus favorable à leurs desseins. Mais Baba-Ali, qui était bachaoux ou grand prévôt, changea enfin la face des affaires. Elevé en 1710 à la dignité de dey, en dépit du bacha qui prétendait s'immiscer dans les affaires d'état, il le fit transporter à Constantinople avec menace de la mort, s'il revenait jamais à Alger pour y exciter le moindre trouble. L'artificieux dey envoya en même temps une ambassade à la Porte, avec un détail de ses griefs contre le bacha, et y joignit des présens pour les sultanes du visir et les principaux officiers du sérail. Il concluait qu'un bacha étant non seulement un officier inutile, mais même dangereux, il convenait de n'en plus envoyer, et de conférer ce titre au dey lui-même. Sa demande lui fut accordée.

Depuis ce temps, le dey ne s'est plus regardé que comme allié de la Porte, et a gouverné en vrai souverain. Le grand seigneur lui envoie seulement un député dans les occasions importantes.

Les habitans de ce royaume (1) peuvent être divisés en six classes, savoir :

1°. Les premiers habitans du pays;
2°. Les Maures ;
3°. Les Arabes ;

(1) Alger est en quelque sorte une nouvelle Rome ; il est un composé, un assemblage, un ramas de tous les gens les plus hardis et les plus scélérats qui s'y rendent pour chercher un asile, une nouvelle patrie, et partager le butin et les dépouilles des nations. Comme dans l'ancienne Rome on a vu les habitans, dans des jeux et des fêtes publiques, enlever les femmes et les filles des Sabins, les emporter chez eux pour peupler leur nouvel état ; de même ici nous avons vu et nous voyons tous les jours que les Algériens, plus éhontés et pires encore que les anciens Romains, se transportent chez leurs voisins, se jettent sur eux, s'en emparent, et enlèvent d'une manière barbare et cruelle leurs filles, leurs femmes, etc., non pour en avoir des enfans et peupler leurs états, mais pour les égorger impitoyablement ou les jeter en prison, ou les réduire à l'esclavage le plus honteux et le plus insupportable !

4°. Les Juifs;
5°. Les Turcs;
6°. Et les Chrétiens.

Le Mahométisme est la religion dominante du pays; mais en général toutes les religions y sont tolérées. Tous les étrangers, tant esclaves que libres, y ont leurs prêtres et leurs églises. Ces religions y sont même protégées, pourvu que ceux qui les professent ne parlent point trop librement du gouvernement ni de la foi mahométane, indiscrétions qui ne sont jamais pardonnées.

Nous passerons sous silence leurs mosquées, leurs mariages, leurs enterremens et leurs autres cérémonies religieuses conformes à celles des Turcs; on en trouve la description dans les auteurs qui ont traité de ces peuples.

Une dissolution générale dans les mœurs, l'orgueil et la brutalité envers les étrangers, forment le caractère distinctif des habitans du royaume d'Alger. Accoutumés dès leur enfance à voir des esclaves de toutes les nations, ils s'habituent à penser que les autres peuples sont naturellement destinés à la servitude. Cette opinion tend à trouver chez eux le dernier mépris pour les étrangers. Ils détestent surtout les Espagnols et les Portugais, comme les perfides usurpateurs des pays qui appartenaient autrefois à leurs ancêtres.

Dès qu'on voit venir un Turc, il faut lui faire place; quiconque y manquerait serait accablé d'injures. Un Chrétien ne saurait paraître en public sans être insulté par les jeunes Turcs et les Maures; mais il ne doit point y faire attention. Son ressentiment assemblerait la populace autour de lui, et lui attirerait quelque désastre.

Les Algériens préfèrent les esclaves catholiques romains à tous les autres. Ils ont dans l'idée que la confession les rend plus fidèles et plus obéissans.

S'il échappe le moindre mot à un Juif ou à un Chrétien contre la loi de Mahomet, il n'y a point d'amende pécuniaire qui puisse les garantir du châtiment.

Les banqueroutes sont punies de mort à Alger. Les Turcs sont étranglés, les Maures pendus et les Juifs brûlés. Quant aux Chrétiens, il faut que le consul ou le corps de la nation satisfasse à toutes les dettes. Ceux qui disparaissent sans payer, sont réputés banqueroutiers. Ceux qui se trouvent hors d'état de satisfaire à leurs créanciers, doivent, pour éviter la peine de la loi, livrer à leur discrétion leurs effets et leur personne.

On doit être bien attentif à ne jamais faire aucune libéralité ni aux Turcs ni aux Maures, de peur que ce que l'on donne volontairement ne fasse une sorte de loi dont ils se prévalent dans l'occasion.

Lorsque les Algériens vont en visite, ils commencent par envoyer leur nom, et entrent ensuite dans une petite cour ou salle basse. Si le maître de la maison est porté à les recevoir, il paraît d'abord avec du tabac, des pipes et du café ; mais s'il veut se montrer encore plus civil envers celui qui le visite, il l'oblige de monter dans l'appartement. Alors toutes les femmes en sont averties, afin qu'elles ne se trouvent point dans le même lieu. Cette cérémonie s'observe avec tant d'exactitude, que si quelqu'un était surpris dans les degrés ou dans quelqu'autre endroit de la maison, il serait pris comme voleur, et mis à mort sur la preuve du plus petit larcin. Fût-on même parfaitement innocent, il est presqu'inoui qu'on évite la peine corporelle ou pécuniaire.

A Alger, comme dans tous les pays mahométans, les

femmes ne peuvent se montrer qu'à leurs époux. Ceux-mêmes qui se marient n'ont la permission de voir leur prétendue qu'après la cérémonie du mariage.

Les Algériens n'ont ni concerts, ni jeux, ni aucun spectacle public ou particulier. Ils passent la moitié de leur temps à boire du café ou à fumer. Ils n'ont jamais d'autre compagnie que celle de leur propre femme, de leurs concubines ou de leurs esclaves. Tous les jeux sont défendus, à l'exception des échecs et des dames. Il ne leur est même pas permis de jouer de l'argent à ceux-ci.

Leur ramadan ou carême est une espèce de carnaval pour leur jeunesse, mais beaucoup plus décent que celui des catholiques, qu'ils appellent la *saison folle des Chrétiens*..... Ils s'abstiennent de manger jusqu'au coucher du soleil.

Les habitans du royaume d'Alger sont extraordinairement avares et taquins ; ils sont si sobres que très-peu de chose leur suffit. Mais, malgré cette apparence de vertu, chaque chef de famille a un trésor caché, selon une vieille coutume du pays. Cet usage a sa source dans la crainte de l'oppression de la part du souverain.

Leur ameublement est très-simple. Ils n'ont ni tapisseries, ni chaises, ni glaces, ni bureaux, ni buffets, ni tableaux, ou autres inventions de luxe. Les murs ne sont que blanchis. La plus belle chambre n'est ornée que d'un tapis, ou d'une natte de jonc ou de feuilles de palmier. On ne voit chez eux que peu ou point de vaisselle d'argent ; on ne s'y sert même pas de fourchettes, et leurs cuillers sont de bois. On n'a que des vases de terre avec quelques grands plats ou bassins d'étain. Les Algériens mangent ordinairement sans table.

Ils placent les services sur une natte qu'ils ôtent après le repas.

Ils montrent à leurs enfans à lire et à écrire en même temps, usage qui est établi dans tout le Levant. Les maîtres tracent d'abord les lettres avec un crayon, et les écoliers les forment ensuite avec la plume. On continue cette manœuvre jusqu'à ce que leur main soit affermie, et qu'elle donne aux lettres la proportion requise. On leur apprend en même temps la prononciation et la lecture. Le châtiment qu'ils infligent aux enfans est la bastonnade sur les pieds.

On est dans la maxime de taxer le pain, le vin, les légumes et les autres nécessités de la vie qui se vendent en détail. La moindre exaction commise à cet égard, est punie sans rémission.

Les Algériens ont toujours fait gloire de négliger toutes les précautions employées par les Chrétiens pour prévenir la communication de la peste. C'est, à leur avis, s'opposer aux décrets éternels de la Providence et au cours de la prédestination absolue qui en est le résultat.

On ne voit pas de médecins à Alger, ni dans le reste du royaume. Les Algériens prétendent que c'est tenter Dieu que de prendre dans les maladies internes des remèdes prescrits par l'art de l'homme.

Le royaume d'Alger est divisé en trois gouvernemens, qui sont : 1°. celui du Levant ; 2°. celui de l'Ouest ; 3°. et celui du Midi ; chacun sous le pouvoir d'un bey, qui relève du dey d'Alger, souverain de tout le royaume.

Le gouvernement du Levant comprend la ville de *Constantine*, sa capitale ; celles de Bonne, de Bugie, de Gigerai, de Steffa, de Tebesta, de Zamora et de Piscara.

Celui de l'Ouest comprend Oran, Trémecen, Mostagan, Tenez et Serselly.

Dans l'étendue du gouvernement du sud ou du midi, on ne voit point une seule ville, pas même un seul édifice public ou particulier. Tous les habitans vivent sous des tentes, divisés en villages errans, ou *adouars* (1).

La ville d'Alger, capitale du royaume de ce nom, est la résidence de la cour, le poste du principal corps de la milice turque et la station des galères. Tous ces avantages en font le centre du gouvernement et de toute la force militaire de l'état.

Les fondemens et le bas des murs de la ville sont bâtis en pierre de taille, et la partie supérieure de brique.

La ville a cinq portes, qui restent ouvertes depuis le lever du soleil jusqu'à son coucher.

Proche de la ville et du côté de la terre, sont quatre châteaux dont le plus considérable est celui de l'empereur, ainsi nommé parce qu'il fut commencé par Charles Quint. Le pacha Assan le finit en 1545.

A environ deux lieues du port, au sud-est de son entrée, est le fort de *Motipex*, muni de 20 pièces d'artillerie. On voit deux autres petits forts sur le bord de la mer et à l'ouest de la ville.

Le port, dont la profondeur n'est que de quinze pieds, est l'effet du travail et de l'industrie. Formé par un môle d'environ 500 pieds géométriques, il s'étend du nord-est au sud-ouest de la ville jusqu'à un rocher qui

---

(1) On entend par ce mot un certain nombre de familles, formant une tribu ou campement particulier. On change la situation de ces campemens, suivant les saisons, pour la commodité de l'agriculture et du pâturage.

forme une petite île. D'ici part un second môle de la longueur du premier, qui conduit du nord au sud et sert d'abri au port.

Il y a à Alger dix grandes mosquées et cinquante petites, trois colléges ou écoles publiques, outre celles des enfans qui y sont sans nombre.

Il y a aussi cinq *bagnes*, qui servent de casernes aux esclaves du gouvernement. Ces bagnes sont de grands bâtimens sous la direction d'un gouverneur et de plusieurs officiers subalternes, qui ont chacun leurs fonctions particulières.

Les maisons d'Alger sont bâties de brique et de pierre ; elles sont généralement carrées, et ont une grande cour pavée au milieu. Autour de cette cour règnent quatre galeries soutenues de colonnes. Les appartemens bas répondent à ces galeries, au-dessus de celles-ci il y en a d'autres soutenues pareillement par des colonnes. Ces galeries servent de fondemens à une terrasse également propre à la promenade et à sécher le linge. Plusieurs des habitans forment un petit jardin sur ces terrasses, où il est d'usage d'avoir aussi un petit cabinet destiné à y traiter d'affaires, ou à y jouir de la vue de la mer. Les cheminées sont construites de façon qu'elles forment comme de petits dômes à chaque angle des terrasses. Cette disposition, jointe à la propreté et à la blancheur où on les entretient, sert d'ornement à l'édifice.

Alger a plusieurs belles maisons dont le frontispice n'annonce rien de tel. Plusieurs de ces maisons sont pavées de marbre, et ont des colonnes de la même pierre, avec un plafond orné de dorure, de peinture et de la sculpture la plus délicate.

Il n'y a dans la ville ni places ni jardins, on peut la

parcourir presque partout au-dessus des terrasses. Dans les endroits où la hauteur des maisons est inégale, on trouve toujours une échelle pour passer d'une terrasse à l'autre, lorsque les voisins sont disposés à jouir ensemble de la fraîcheur de la soirée.

Alger compte environ cent mille habitans, sans y comprendre les Chrétiens. De ce nombre sont cinq mille familles juives d'extraction africaine.

Le beau bâtiment des cinq *Cassercas* fut commencé en 1650. Il sert de caserne aux soldats turcs non mariés. Ils y sont servis avec grand soin par des esclaves, aux dépens du gouvernement. Dans toutes les cours de ces casernes sont des fontaines pour les ablutions qui précèdent la prière. Chaque caserne contient 600 soldats.

Il y a à Alger cinq *fondacas* ou *albergas*, comme on les appelle en langue franque. Ce sont de grands édifices appartenant à des particuliers, où sont plusieurs cours, nombre de chambres et magasins à louer.

On ne trouve dans cette ville, ni dans le reste du royaume, aucune hôtellerie où les étrangers puissent loger.

Alger a un grand nombre de maisons où l'on tient des bains chauds à un prix très-modique. Les bains diffèrent en grandeur et en beauté, selon le rang des personnes, mais la forme en est presque partout la même. Les femmes ont aussi leurs bains particuliers, où jamais un homme ne doit entrer sous quelque prétexte que ce soit. Cependant ces inviolables retraites deviennent souvent des lieux d'intrigues et de libertinage.

Cette ville est aujourd'hui sans faubourgs, quoiqu'elle en eût de fort grands, quand Charles Quint débarqua à Matifoux. Les Algériens les démolirent après la retraite des Espagnols, de crainte qu'ils ne s'en emparassent dans une seconde invasion, par le secours des Maures.

Hors des portes, on ne voit que des sépulcres à chaque côté du chemin. Ceux des pachas et des deys ont dix à onze pieds de haut, sont très-curieusement blanchis, et s'élèvent en dômes. Les tombeaux du peuple commun ne sont que des pierres plates, posées sur la terre en forme de cercueil, dont celles des pieds et de la tête forment seulement quelque élévation.

On voit encore hors de ces mêmes portes, des oratoires, des cellules et des chapelles dédiées à des Manbous qui sont morts en réputation de sainteté. Les femmes y vont les vendredis faire leurs prières.

La campagne d'Alger est des plus belles et très-fertile en blé, en légumes, en fruits et en fleurs. Les vignes sont d'une beauté et d'un produit étonnant.

On compte un grand nombre de jardins ou de plantations dans la plaine adjacente de cette ville. Elle a quatre lieues d'étendue, et se termine à une montagne. Derrière le côté oriental de cette même montagne se trouve une autre belle plaine, baignée de ruisseaux, et qui a neuf à dix lieues de longueur sur quatre de largeur. Elle est peuplée d'un grand nombre de tribus arabes. La plaine de Matija produit deux ou trois moissons de froment, d'orge, d'avoine et de légumes.

Les jardins et les plantations ne sont point murés, mais entourés seulement d'une haie de ce que nous appelons *figuiers de Barbarie*.

Les orangers, les citronniers et les autres arbres fruitiers croissent en abondance ; mais, faute de soins, ils n'arrivent jamais à toute la beauté et perfection dont ils sont susceptibles.

Les dames vont à la campagne à cheval ou sur des

ânes, placées sous une espèce de pavillon carré qu'on fixe sur une selle faite à dessein. Ce pavillon est fait d'osier, et entouré d'un linge très-fin, orné d'une frange. Elles peuvent s'asseoir deux sur la selle, les jambes croisées.

Toute la force, le soutien et la défense de ce royaume consiste en douze mille Turcs, plus ou moins, qui, par distinction, sont appelés soldats, ou Turcs à la paye. Ce corps comprend le Dey, les Beys ou gouverneurs des provinces, les commandans des armées dans ces mêmes provinces, les Agas ou gouverneurs des villes, les secrétaires d'état, les capitaines de vaisseaux, et tous les officiers tant civils que militaires.

Tous les Turcs qui passent à Alger pour entrer dans la milice, sont des gens obscurs et sans aveu, des proscrits, ou des criminels qui ont échappé à la justice. Aussi le nom de pirate algérien emporte-t-il avec lui une idée si exécrable, qu'il n'y a que ces malheureux qui voulussent porter ce titre. Plusieurs d'entr'eux le dédaigneraient même, s'ils n'étaient bien instruits que d'aussi grands scélérats étaient parvenus avec un peu d'adresse et de résolution à la dignité de dey, ou qu'ils avaient du moins obtenu des postes très-lucratifs. Les Turcs de toutes les provinces sont admis dans cette milice, il ne faut qu'être vraiment Turc.

Les prérogatives annexées à la qualité de soldat en rendent le pouvoir supérieur à celui de plusieurs princes d'Italie. Aussi les soldats turcs, qui se font donner exclusivement le titre d'*Effendi*, ou seigneur, sont-ils remplis du dernier mépris pour quiconque n'est pas de leur corps. Ils y choisissent eux-mêmes les deys, les beys et les autres officiers. Ils sont exempts de toute taxe et de tout impôt. Revêtus du privilége de n'être point punis en public, ils ne le sont même que rarement en particulier, hors les cas de haute trahison, et alors on les étrangle secrètement dans la maison du premier Aga, ou général de l'infanterie.

Ils ne manquent jamais, qu'ils aient droit ou tort, de se soutenir mutuellement dans tous leurs différens avec les Maures ou les Arabes. Leurs immunités les rendent non seulement injustes et arrogans envers les naturels du pays, mais ils sont même mutins et indociles envers leurs officiers. Le Maure ou l'Arabe le plus riche n'oserait regarder en face le plus vil de tous les Turcs. Cette soldatesque est si brutale, que si le Dey retarde deux jours sa paye, elle entre aussitôt en fureur, et se prépare à se révolter.

Le soldat turc qui se marie est réduit à la simple paye. Les vues du Dey, en usant de cette rigueur, sont de le retenir dans le célibat, attendu qu'il hérite de tous les biens des Turcs et des Maures qui meurent sans frères et sans enfans. Une autre raison contre le mariage des Turcs, c'est que les enfans qu'ils ont des femmes arabes ou maures ne sont point réputés turcs. On leur permet à la vérité d'entrer dans la milice, mais ils ne peuvent point s'élever aux emplois. Ils sont déchus même des priviléges ordinaires des soldats turcs. Aussi les renégats chrétiens sont-ils les seuls soldats mariés.

Aucun Turc n'est estimé à Alger, s'il n'est soldat; aussi est-ce le métier qui convient le mieux à la férocité des Turcs algériens.

Le pillage leur est entièrement défendu ; mais ils savent se dédommager de la rigueur de cette discipline par leurs oppressions et leurs rapines.

Le Dey est le souverain absolu du pays ; il distribue les récompenses et les châtimens ; il ordonne les armemens et les expéditions militaires ; il distribue les garnisons, et nomme à toutes les charges ; en un mot, il a l'administration de toutes les affaires du royaume, sans être obligé de rendre aucun compte de ses actions. Malgré ce despotisme, les révolutions sont fréquentes à Alger. Le souverain, continuellement en butte à la férocité d'une soldatesque effrénée, ne peut la contenir dans le devoir, que par un mélange de sévérité et de clémence sagement combiné ; s'il ne veut pas chanceler sur son trône, il faut qu'il ne se laisse pas intimider par les murmures et les clameurs.

Le Dey doit être choisi par la voix unanime de l'armée. Dès que le trône est vacant, tous les soldats qui se trouvent à Alger, s'assemblent dans le palais du souverain. Chacun alors donne sa voix, selon le mérite des concurrens, ou ses vues particulières. Dès qu'un des candidats a réuni tous les suffrages, on le revêt du *cafétan* (1), on le place sur le trône, qu'il le veuille ou non, et alors chacun crie : *C'est lui, c'est lui; que Dieu le comble* (en le nommant) *de bonheur et de prospérité !*

Il est rare que ces élections ne soient pas suivies de tumulte et d'effusion de sang. Il est impossible que parmi un si grand nombre de soldats, tous éligibles, les plus remuans ne forment des factions et des cabales.

---

(1) Robe de distinction en usage chez les Turcs. Le Grand Seigneur envoie des *cafétans* aux personnes qu'il veut honorer, et surtout aux ambassadeurs et à ceux qui paraissent à son audience.

Si, avant que le complot soit découvert, quelqu'un des chefs de parti parvient à pénétrer dans le palais avec ses adhérens, le Dey est poignardé sur le trône où il vient de s'asseoir. Le chef de ces scélérats en prend tout de suite la place, et est revêtu de la robe sanglante de celui qu'il vient de massacrer. Les officiers du divan restent paisibles spectateurs de ces violences, et pour éviter la mort, ils font hommage à l'assassin. Le même motif engage le reste de la milice à suivre leur exemple. Ces soumissions n'empêchent pourtant point que ce nouveau Dey ne fasse étrangler souvent plusieurs officiers du divan pour faire place à ses créatures.

Le Dey ne sort guère de son palais que dans certains jours de cérémonie. C'est dans ce palais que se traitent toutes les affaires de l'état, que se tiennent la trésorerie et toutes les cours de justice. Le Dey placé sur un trône, au bout d'une grande salle, est journellement occupé à entendre et à juger les plaintes de ses sujets, et ses arrêts sont exécutés sans délai. L'honorable *kyrielle* des solliciteurs, des avocats et des procureurs, est entièrement inconnue dans ce pays ; aussi les procès y sont-ils promptement décidés, et cela sans frais et sans appel.

L'*Aga* de la milice est le général des troupes en quartier à Alger. Cet officier ne va point à l'armée. La durée de son emploi n'est que de deux lunes. Tous les ordres relatifs à la discipline des troupes et à la sûreté des portes et des forts s'expédient en son nom.

Le *Chaya*, ou le *Bachi-boluck-bachi*, est le plus ancien capitaine des troupes ; c'est lui qui remplace l'Aga qui sort de charge, et chacun devient *Chaya* successivement. Plusieurs petites causes, tant civiles que criminelles, lui sont renvoyées par le Dey, quand la multitude des affaires l'accable. Le *Chaya* juge aussi sans frais et sans appel.

Les *Aga-bachis*, au nombre de 24, sont les anciens capitaines d'infanterie, qui passent, selon leur rang, au poste de *Chaya*, et ensuite à la dignité d'Aga de la milice. Les ministres envoyés aux cours étrangères sont ordinairement pris dans ce corps.

Les *Bolucks-bachis* sont les capitaines actuels des compagnies de la milice. Après qu'ils ont été Agas ou gouverneurs d'une garnison, ils deviennent *Agas-bachis* selon leur ancienneté. Ils administrent la justice dans le lieu de leur gouvernement, comme le Dey l'administre lui-même à Alger; ils sont aussi les exécuteurs des ordres du souverain.

Les capitaines de cavalerie sont appelés *Saphis*.

Les *Oldaks-bachis* sont les lieutenans. Ils deviennent *Bolucks-bachis* à leur tour, et montent de là aux premières dignités.

Les *Vekilards* sont les pourvoyeurs de l'armée. Leur office est aussi de fournir les voitures pour le transport des bagages et des ustensiles du camp. Lorsque les troupes ne tiennent pas la campagne, ces pourvoyeurs exercent leur office dans les casernes.

Les *Peis* sont les quatre plus anciens soldats qui attendent d'être avancés.

Les *Soulaks* sont les huit plus anciens soldats après les *Peis*. Ils servent de garde au Dey quand il va à la guerre. Ils marchent devant lui armés de carabines.

Les *Caites* sont des soldats qui ont chacun le gouvernement de plusieurs *adouards* maures, ou d'un petit district. Ils lèvent les taxes dans leur département et en sont comptables au Dey.

Les *Sagiards* sont un corps de lanciers, dont une compagnie de cent accompagne chaque armée. Leur office est de fournir de l'eau à l'armée, et de veiller à la garde de cette provision.

Les *Beys* sont les gouverneurs et généraux des provinces. Ce poste est à l'entière disposition du Dey qui le donne, l'ôte, ou le continue selon son bon plaisir.

Il n'y en a que trois dans tout ce royaume : celui du Levant, qui réside à Constantinople ; celui de l'Ouest, qui tint sa cour à Oran jusqu'à l'année 1732 ; et celui du Sud, qui campe continuellement, attendu qu'il n'y a pas une seule maison dans toute l'étendue de sa province.

Ces trois gouverneurs sont revêtus d'une espèce d'autorité souveraine dans leurs provinces respectives. Ils ordonnent la levée des impôts dans les villes et à la campagne. Tous les cas fortuits, et généralement toutes les branches du revenu public sont aussi de leur compétence. Ils en remettent chaque année le produit en espèces dans le trésor public.

Ils sont comme despotes dans leurs gouvernemens, les deys ayant la politique de leur laisser faire ce qu'ils veulent. Mais dans Alger ils redeviennent de simples particuliers ; ils y sont reçus à la vérité avec grande cérémonie, lorsqu'ils portent au trésor le produit du revenu de leur gouvernement. Le Dey leur présente le *cafétan* à leur arrivée ; mais très-peu envieux de cet honneur, ils évitent eux-mêmes de venir à Alger, tant qu'ils peuvent s'en dispenser. Ils ont d'autant plus à craindre d'y trouver la mort, que le Dey acquiert par là la confiscation des immenses richesses qu'ils ont accumulées à force de rapines, de concussions et de brigandages. Ils risquent encore davantage si le Dey, qui les protégeait, n'existe plus. Son successeur, qui a ses propres créatures à pourvoir, ne manque jamais de prétextes pour faire étrangler les beys.

Il est difficile de déplacer ces gouverneurs, à moins qu'ils ne viennent eux-mêmes à Alger ou qu'on ne les enlève par surprise. Plusieurs de ces officiers, non moins artificieux que tyrans, passent assez souvent avec leurs richesses dans quelque pays indépendant, et par là, frustrent l'avarice du Dey.

Les *Hojas* sont les quatre secrétaires d'état.

Le premier tient registre de la paye de la milice, et de toutes les dépenses ordinaires et extraordinaires.

Le second enregistre le produit des douanes.

Le troisième tient compte des autres revenus de l'état.

Et le quatrième a le département des affaires étrangères et extraordinaires.

Ces *Hojas*, durant tout le temps que le Dey administre la justice, restent assis autour d'une table pour expédier ses ordres. Ils ont chacun un registre particulier pour y coucher les décisions du Dey et les recevoir dans l'occasion.

Les secrétaires d'état sont nommés par le Dey; leur pouvoir ne laisse pas que d'être très-étendu.

Le Cadi est envoyé par la Porte Ottomane avec l'approbation du Mufti de Constantinople. Son office est de décider toutes les matières qui regardent la loi.

Ses décrets sont sans appel et doivent s'obtenir *gratis;* ce qui n'arrive presque jamais. Il ne peut sortir de chez lui sans la permission du Dey. Il y a aussi à Alger un

Cadi maure, qui administre la justice à ceux de sa nation, lorsque le Dey les lui renvoie. Il est sans appointemens, et entièrement dépendant du Cadi turc.

Le *Hazenada* est le trésorier de l'état. Il reçoit, en présence du Dey, les revenus annuels du royaume et les dépose dans l'*hazena* ou trésor public, qui joint la salle du divan. Il tient compte aussi des dépenses du gouvernement.

Le *Chekelbeled* est le maire de la ville. Son office est de veiller à ses réparations, à l'entretien et à la propreté des rues, à la police des femmes qui méritent quelque châtiment et à celle des femmes esclaves qui ont l'espoir d'être rachetées. Il est nommé par le Dey.

Le *Pitremelgi* est le directeur de la chambre des domaines. Dès qu'il meurt quelqu'un sans frères ou sans enfans, il se saisit de tous ses effets au nom du Dey, en payant le douaire à la veuve. Cet officier s'empare aussi de tous les biens de ceux qui sont faits esclaves, s'ils n'ont ni frères ni enfans.

Le *Hoja* ou contrôleur général est chargé de recevoir la portion qu'a le gouvernement dans les prises faites sur les Chrétiens. Il en dispose par vente publique ou particulière, selon les ordres du Dey; il en remet ensuite la somme au grand trésorier.

Les *Hojas* ou écrivains du Dey, qui sont au nombre de 80, ont chacun leur emploi.

Les uns distribuent le pain aux soldats; d'autres leur donnent la viande; ceux-ci lèvent les taxes imposées sur les maisons et les boutiques; ceux-là perçoivent celles qui existent sur les jardins et autres biens de campagne. Quelques-uns enregistrent le droit d'entrée sur le bétail, les cuirs, la cire, l'huile et les autres denrées du pays.

Certains ont l'inspection sur les magasins des provisions navales et militaires. Quelques autres restent auprès du Dey pour recevoir ses ordres et ceux des secrétaires d'état. D'autres enfin vont en course dans les grands vaisseaux, etc.

Le *Dragoman*, ou interprète de la maison du Dey, est un Turc versé dans les langues turque et arabe. Il explique toutes les lettres écrites au Dey par les Maures et les Arabes des différentes parties du royaume, de même que celles des esclaves algériens détenus chez les nations chrétiennes. Il a la garde du cachet du Dey, et scelle devant lui toutes les dépêches, instructions, traités, et généralement tous les ordres émanés du souverain (1). Il sert d'interprète dans la salle du divan à tous les Maures et Arabes qui viennent porter leurs plaintes au souverain, ou l'informer des trames qui s'ourdissent contre lui. Il traduit aussi de l'arabe les lettres des cours de Tunis et de Maroc.

Les *Chaoux*, au nombre de douze Turcs, sont les messagers de l'état. Ils sont commandés par un chef appelé *Bachaoux*, ou grand prévôt, et chargés de l'exécution de tous les ordres émanés de la propre bouche du Dey. Ces *Chaoux* ne sont jamais employés que contre les Turcs.

Les *Guardiens-bachis* sont les inspecteurs des bagnes et des esclaves qui y logent. Ces inspecteurs, dont il y en a un pour chaque bagne, sont subordonnés au *Bachi-guardien-bachi*, qui est le gouverneur général. Il fait tous les soirs la visite des esclaves, et assigne à chacun

(1) Le Dey ne signe jamais aucun papier de sa propre main. L'empreinte du cachet où son nom est gravé, fait son unique signature.

l'emploi du lendemain. Il ordonne le châtiment, et fait tous les jours le rapport au Dey de la situation des bagnes.

Le *Rais* de la marine, ou capitaine du port, est nommé par le souverain. Cet officier a plusieurs assistans qu'on nomme gardiens du port. Il informe immédiatement le Dey de tout ce qui mérite quelque attention, relativement aux vaisseaux qu'il a visités avant qu'ils n'entrent dans le port. Ce même officier fait aussi la visite de tous les vaisseaux chrétiens prêts à faire voile ; il décide de toutes les contestations relatives aux navires qui se trouvent dans le port.

Les *Reis* ou capitaines de vaisseaux forment un corps considérable, très-respecté dans l'état, à cause des grands avantages qui résultent de leurs croisières.

Les *Soute-Rais* sont les officiers subalternes nommés par le capitaine. Ils sont sans paye comme le capitaine, mais ils ont quatre parts dans la valeur des prises.

Les *Topigi-bachis* sont les maîtres canonniers. Ils ont le soin de l'armement du vaisseau ; il y en a toujours dans chaque navire.

Le *Mezouard*, qui veille à la régularité et au repos de la ville, remplit à peu près les fonctions d'un ministre de la police. Cet emploi, qui est très-lucratif, mais aussi le plus détesté, se donne toujours à un Maure.

Les espèces courantes frappées à Alger sont les sultanines et les aspres.

Les monnaies étrangères qui y ont cours sont : les sultanines de Maroc, les sequins de Venise, les pièces de Portugal, les pistoles d'Espagne, et les piastres de tous les poids.

La valeur des espèces n'est point fixée à Alger; elle varie selon les besoins du gouvernement, mais la variation est très-peu considérable. Les étrangers en comptent la valeur par celle qu'elles ont relativement à la leur.

La seule monnaie de valeur déterminée à Alger est la *pataque-chique* ou la *pataque* des aspres, qui vaut 232 de ces dernières, qui fait le tiers de la piastre algérienne courante, appelée *pataque-gorde*, qui pèse ordinairement deux pistoles et demie; mais cette sorte de monnaie, qui n'est qu'idéale, comme la livre *tournois*, hausse et baisse aussi, selon le bon plaisir du Dey.

Les camps ou armées se comptent par tentes au lieu d'escadrons et de bataillons. Ces tentes sont rondes et contiennent ordinairement trente hommes chacune. Les chevaux sont attachés au piquet par la jambe, et les harnais mis dans la tente.

Chaque tente est composée d'un *Boluck-bachi*, d'un *Oldack-bachi*, d'un *Vekilard* et de dix-sept *oldaksou* (soldats), faisant en tout vingt combattans, outre quelques Maures armés, destinés au service de la tente et à conduire les chevaux de bagage.

Les soldats n'ont rien à porter que leur sabre et leur mousquet. Les provisions leur sont fournies par l'état, qui accorde à chaque tente six chevaux ou mulets pour leurs transports.

La cavalerie est aussi distribuée par tentes de vingt hommes chacune, avec les mêmes officiers. On a seulement ici un plus grand nombre de Maures et de chevaux, attendu que le fourrage et le service de ce corps l'exigent ainsi.

Les troupes algériennes n'ont point de route établie; c'est leur commandant qui en règle la marche jusqu'à leur arrivée dans le pays ennemi.

Le corps de la marine a un grand pouvoir à Alger, quoique généralement exclu de la connaissance des affaires politiques. Les dispositions et les réglemens, qui concernent la force navale, se rendent sur les conseils de ce corps.

Le gouvernement n'a qu'un seul vaisseau qui lui appartienne en propre. Il est assigné à l'amiral, et équipé comme ceux des particuliers. Il a aussi comme eux ses propres magasins. Tous les autres navires appartiennent à des particuliers. Leurs magasins sont toujours bien pourvus, au moyen des prises que font les capitaines. Il est permis à ces officiers d'équiper quand ils veulent, et de choisir leurs croisières, avec les restrictions suivantes :

1°. De servir l'état, lorsqu'il s'agit du transport des garnisons, et de celui des provisions qui leur sont nécessaires ;

2°. De se conformer aux ordres du Dey dans certaines courses particulières ;

3°. De servir même le Grand Seigneur, et tout cela aux dépens des propriétaires.

Quand un vaisseau est pris ou perdu, les propriétaires sont obligés d'en acheter, ou d'en faire construire un autre d'égale force : par cette maxime de l'état, la république ne souffre jamais de diminution dans sa puissance.

Lorsqu'un corsaire a dessein d'aller en course, il en demande la permission au Dey. Elle ne lui est jamais refusée, à moins que son vaisseau ne soit alors nécessaire pour le service du gouvernement. Muni de cette permission, le capitaine emploie ses esclaves et ceux de ses autres propriétaires pour équiper le navire. Dès qu'il est totalement équipé, on y met des provisions pour deux lunes, ou pour trois dans les cas extraordinaires. Lorsque tout cela est fait, le capitaine arbore son pavillon, et tire un coup de canon. A ce signal, qui annonce son départ pour le lendemain, tous ceux qui désirent aller en course se rendent à son bord. Personne n'est refusé, ni Turcs, ni Maures. Chaque capitaine, cependant, a quelques Turcs affidés qui tâchent d'en engager d'autres, parce que c'est dans le nombre de ces derniers que consiste la principale force du navire. Les Maures n'ont point d'armes, et ignorent totalement la manœuvre.

Chaque Turc a un mousquet et un sabre; une couverture fait tout son équipage.

Les Maures n'ont d'ordinaire que leur manteau, *haïque*, qui leur sert de vêtement et de couverture. Ils sont sales, poltrons et ignorans. Tout leur service, durant l'action, se réduit à mettre le feu aux canons, à assister les canonniers, et à prendre soin des cordages sur le tillac. Les Turcs et les esclaves chrétiens font le reste de la manœuvre.

Le Dey, ou plutôt le gouvernement, a le huitième de toutes les prises, l'équipage a la moitié du restant, et l'autre moitié est pour les propriétaires.

Les esclaves chrétiens, qui sont toujours en grand nombre sur les vaisseaux algériens, agissent en qualité d'officiers subalternes, ou comme simples matelots. Ils ont chacun une part et demie, ou bien deux ou trois, selon leur habileté et leur conduite.

CHAPITRE II.

De la Vente des Esclaves, de leur Traitement et de leur Rançon.

L'État perçoit dix pour cent sur le prix du rachat de chaque esclave. Il impose aussi un droit sur l'importation et l'exportation de ces malheureux.

Lorsque le Dey a pris son huitième, les autres esclaves sont envoyés au *Batistan* (1). Leur première vente s'y fait de la manière suivante :

Les courtiers les promènent par le marché l'un après l'autre, en proclamant à haute voix la profession et le prix de chaque esclave. Toutes les nations sont admises à enchérir ; quand il ne se présente plus d'enchérisseurs, le commis couche sur son livre le prix du plus offrant.

Cette première vente n'est jamais poussée bien haut, parce qu'il s'en fait une seconde dans le palais du Dey et en présence de ce prince. Chaque esclave est de nouveau mis en vente, et délivré au dernier enchérisseur.

Le prix de la première vente appartient aux propriétaires et à l'équipage du vaisseau. Tout ce qui dans la seconde excède la première (excédant qui égale souvent la première enchère) va au profit du gouvernement. Ces achats d'esclaves se font toujours comptant.

Les esclaves peuvent se réduire à deux classes, ceux du gouvernement et ceux des particuliers.

Quant aux esclaves du gouvernement, le Dey en prend un certain nombre des plus jeunes et des mieux faits,

(1) Marché des esclaves.

pour lui servir de pages : d'autres sont employés au service des casernes ; le plus grand nombre enfin loge dans les bagnes. Le Dey envoie toujours quelques-uns de ces derniers sur les vaisseaux qui vont en course. Il retient les deux tiers de la portion qu'ils ont dans les prises, et qu'on proportionne à leurs talens. Il loue les charpentiers, les calfats et les serruriers aux propriétaires des vaisseaux. Il leur retient aussi, dans ce cas, les deux tiers de leurs journées.

Les esclaves, logés dans les bagnes, sont obligés de s'y rendre tous les soirs à une certaine heure. On leur rouvre les portes dès qu'il est jour. Ceux qui ont quelque métier, obtiennent du *Guardien-bachi* la permission de l'exercer en payant un certain droit. Ceux qui n'ont point de profession sont employés aux ouvrages du gouvernement. Ceux qui feignent d'être indisposés, pour éviter le travail, sont sévèrement punis ; de plus on augmente leur tâche.

Les esclaves des particuliers peuvent se subdiviser en deux classes : les uns sont achetés pour le propre service des acquéreurs ; les autres pour être revendus. Les premiers sont employés aux ouvrages de la maison, à ceux du jardin, etc. Leur bien-être dépend de leur conduite, ou du caractère de leur patron.

C'est sur les esclaves de la seconde subdivision que tombe ordinairement tout le poids de l'infortune. Les richesses et les ressources qu'on leur suppose, haussent de beaucoup le prix de leur rançon. Ils sont ordinairement vendus aux *Tagarins*, gens descendus des Maures espagnols. Bornés à ce seul commerce, ils en tirent tout le parti qu'ils peuvent. La servitude de ces sortes d'esclaves est des plus pesantes. Leurs barbares maîtres les forcent à travailler sans le moindre profit pour eux-mêmes ; quelques-uns les traitent même avec tant de cruauté, que ces malheureux font les derniers efforts pour se racheter.

Les particuliers profitent du privilége d'envoyer leurs esclaves en course, afin de participer à la part que ces derniers ont dans les prises. D'autres les louent aux consuls ou aux familles chrétiennes, moyennant la nourriture, l'habillement et une piastre courante, plus ou moins, par lune.

Le Dey met toujours dans son lot les femmes de quelque rang, et elles sont gardées chez le *Chekelbeled* jusqu'à leur rachat.

Les femmes du commun ont le malheur d'être vendues à des particuliers. La vertu de celles-ci résiste rarement contre les séductions et la brutalité de leurs maîtres.

Les jeunes garçons ne sont pas moins exposés aux violences de certains maîtres. C'est souvent même tout exprès pour en abuser qu'on les achète.

Le rachat des captifs se fait de trois différentes manières :

1°. Par la rédemption publique, aux dépens de l'état dont les esclaves sont sujets ;

2°. Par la médiation des Religieux de la Merci (1), qui font des collectes à ce dessein ;

3°. Par l'ordre de certains particuliers.

---

(1) Cet ordre, en France, a été supprimé dans les commencemens de la révolution.

CHAPITRE III.

Résumé général des Lois, des Statuts, des Coutumes et des Usages des Turcs algériens, des Arabes et des Maures.

Les habitans de Barbarie sont naturellement cruels et sauvages, fort grossiers et fort ignorans.

Les Turcs qui gouvernent le royaume d'Alger, ne sont que des brigands qui ont employé la trahison et la perfidie pour mettre les naturels du pays sous le joug; leur domination est une série continuelle de tyrannie et de vexations de tout genre et de toute espèce.

Les Maures et les Arabes sont généralement enclins à la rapine, à la cruauté, à voler et à massacrer les voyageurs chrétiens, et à piller tous les vaisseaux qui sont jetés sur leurs côtes.

On reproche avec raison aux Algériens d'assassiner souvent leurs souverains. On connaîtrait peu le monde, si l'on ignorait de quoi est capable une populace ignorante, brutale, effrénée. Mais aussi les deys provoquent-ils ces révoltés par leur mauvaise administration, qu'ils s'efforcent de soutenir par de pratiques abominables; par l'injustice la plus criante, en faisant périr des innocens sur les soupçons les plus légers, ou sur des accusations mendiées. On a vu même des deys assez sanguinaires pour trancher de leur propre main la tête à leurs ennemis, ou pour les faire égorger en leur présence.

Il ne doit point paraître surprenant que le souverain mette tout en œuvre pour se maintenir sur le trône, dans un royaume où chaque soldat peut prétendre à supplanter son maître, et où il s'en trouve toujours d'assez ambitieux et d'assez turbulens pour l'entreprendre.

Aussi la souveraineté doit être regardée, à Alger, comme un grand mal. Ceux qui en ont été revêtus malgré eux, ce qui n'est pas rare, l'ont reconnu volontiers. On n'est point maître de refuser la dignité de Dey, même de la résigner, soit qu'on l'ait reçue volontairement, ou qu'on ait été forcé de s'en saisir. Il arrive de là que le souverain est obligé d'employer les confiscations, le bannissement et le meurtre pour sa propre sûreté.

On accuse avec raison les Algériens d'être des pirates cruels et avides, dont la barbare pratique est de mettre les Chrétiens dans les fers, de les maltraiter avec férocité, et d'employer les tourmens les plus affreux pour leur faire embrasser le mahométisme.

Tantum religio potuit suadere malorum!

Ce peuple ne se fait aucun scrupule de violer les traités, de déclarer la guerre par des vues de pur intérêt, et même par caprice ; de commencer les hostilités du moment que la rupture a été déterminée dans le divan ; de saisir les personnes et les effets de ceux qui appartiennent à la nation avec laquelle il lui plaît de rompre, sans autre formalité que de notifier sa résolution au consul ; de se saisir des vaisseaux marchands, avant que ceux-ci puissent être informés de cette nouvelle guerre.

Il va jusqu'à molester les navires des nations qui sont en paix avec lui, et obliger les capitaines de lui fournir des provisions, des cordages, des munitions et les autres objets de nécessité dont il peut avoir besoin.

Les lois, les statuts, les coutumes et la conduite des Algériens sont si opposés à ceux des nations européennes, que de les retracer, ce serait vouloir publier un code de sang.

CHAPITRE IV.

Du Royaume de Tunis.

Du temps de la première guerre punique il existait une ville de Tunis qui tenait le second rang parmi les cités d'Afrique. Prise et reprise plusieurs fois durant ces guerres, à la chute de l'empire romain, elle subit la destinée générale, et fut prise par les Sarrasins. Elle fut d'abord gouvernée par des princes qui prirent le titre d'*Emirs*. Le gouvernement qu'ils établirent continua dans différentes familles près de cinq cents ans. Après ce terme, une révolte générale fit passer la souveraineté sur la tête des *Almohades*, qui gouvernèrent Tunis par des délégués jusqu'à l'an 1205. Alors les *Lassis* les supplantèrent, et prirent les premiers le titre de *Rois de Tunis*, où ils établirent leur résidence.

Ce gouvernement, après s'être soutenu dans la splendeur plus de trois cents ans, changea de forme par le détrônement de Mulcy-Hassan que Barberousse chassa de Tunis.

Mulcy, replacé sur le trône par Charles Quint, devint son tributaire. Ses successeurs continuèrent d'être vassaux des rois d'Espagne jusqu'en 1574, où le sultan *Selim II* enleva à Philippe II Tunis et la Goulette ; autre révolution qui porta un nouveau coup au royaume de Tunis, qui, à la suite de nouvelles divisions, fut mis sous la protection du grand seigneur. Celui-ci créa un pacha de Tunis pour le représenter, forma un divan presqu'entièrement composé de militaires, et laissa, à son départ pour Constantinople, un corps de quatre mille janissaires pour tenir ses nouveaux sujets dans le devoir; mais la rapacité des pachas engagea les Tunisiens à demander au grand seigneur d'abroger cette dignité. Il leur accorda volontiers leur requête, et ils élurent un dey avec le même pouvoir qu'avait celui d'Alger.

Le premier Dey qui régna sous le titre de *Calife*, fut massacré. Ibrahim, qui lui succéda en 1575, prévint sagement le même sort en se retirant à la Mecque.

Depuis ce temps jusqu'à celui d'*Agi-Mehemed Cogia* ce qui comprend un espace de cent vingt ans, il a régné vingt-trois deys à Tunis. Tous ces princes, à l'exception de cinq, furent détrônés, étranglés ou assassinés.

Les beys, qui étaient seconds officiers de l'état, s'élevèrent insensiblement à la souveraine puissance sur la ruine de celle des deys. Leur pouvoir est à présent si absolu, que lorsqu'ils assemblent le divan, ce n'est pas tant pour le consulter que pour lui faire approuver les résolutions déjà formées sans sa participation.

Ce n'est pas guère que la violence qui place les beys sur le trône.

Les divisions qui survinrent dans ce royaume y appelèrent les Algériens, qui tentèrent de s'en emparer : après beaucoup de meurtres et de massacres, il est retombé sous la puissance du dey ou plutôt des beys, qui le gouvernent avec un despotisme aussi cruel que stupide.

Ce royaume a aujourd'hui 90 lieues de longueur du nord au sud, et environ 70 de l'est à l'ouest. Il fait partie de la côte de Barbarie, et il est divisé en huit provinces dont les principales sont Tunis, Afrique ou Almedine, Suse, Goulette et Byrsa.

Tunis est situé dans une belle plaine, à la pointe d'un golfe auquel elle donne son nom, et est à environ vingt milles de l'ancienne Carthage. Elle a plus d'une lieue de tour, contient plus de dix mille familles et plus de trois mille boutiques de draperie ou de lingerie.

Les Juifs sont les principaux agens de son commerce, ainsi que dans la plupart des autres villes d'Afrique ; mais ses richesses lui viennent surtout de ses pirateries.

Les maisons sont en partie de brique et en partie de pierre ; la plupart n'ont qu'un seul étage.

On ne voit ni chaises ni tapisseries dans les habitations des Turcs et des Maures.

Un tapis commun avec des carreaux sur lesquels ils s'asseyent, en font tout l'ornement. Tous les toits sont plats et en terrasses, selon la coutume orientale.

Comme Tunis est sans rivière et sans fontaines, on y a pratiqué deux grands réservoirs pour recevoir l'eau de pluie qui tombe des toits.

Ses murailles ont soixante pieds de hauteur, et sont flanquées de plusieurs tourelles.

La citadelle est sur une éminence à l'ouest de la ville.

Le divan est un édifice d'une structure fort remarquable. On y garde les armes des Turcs et le trésor public.

La plupart des mosquées ont des revenus considérables, et des dignités qui répondent à nos anciennes prébendes.

Outre les petites écoles, Tunis a plusieurs colléges, où ceux qui se destinent à la religion vont, tous les jours, entendre les leçons d'un Iman (1).

---

(1) Ministre de la religion mahométane. *Iman* signifie, dans son acception primitive, celui qui préside, qui a autorité. Un Iman est une espèce de curé de mosquée.

Chaque corps de métier a ici son marché particulier ; tous les petits différens sont décidés par les garde-maîtres.

Le lac de Tunis a trois lieues de longueur et deux de largeur. Il communique à celui de la Goulette par un canal si étroit qu'une galère n'y peut passer.

Afrique ou *Almedine* est une ville murée avec un bon havre.

Suse, très-forte par sa situation, est bâtie sur un rocher à côté de la mer. Elle a aussi un bon havre.

Biserte, ville autrefois très-florissante, n'est plus qu'un petit lieu bâti sur les ruines d'Utique, fameuse par la mort de Caton.

La *Goulette* est un fort construit sur une éminence, au bout du canal du lac de Tunis. Il y a deux redoutes, un bon havre, une douane et des magasins.

Byrsa n'est qu'un château bâti sur les ruines de Carthage, cette fameuse rivale de Rome, réduite en cendres par Scipion. Les monumens les plus remarquables qui subsistent encore parmi ces ruines, sont les aqueducs et les citernes.

L'air du royaume de Tunis est pur et sain. L'hiver et l'été se succèdent immédiatement, sans qu'on éprouve la fraîcheur intermédiaire du printemps et de l'automne.

Plus de la moitié des terres restent en friche et sans culture, non par le manque d'habitans, mais par la tyrannie des Turcs qui empêchent les Tunisiens d'en cultiver au-delà de ce qui est absolument nécessaire. Le terroir est si bon que, malgré peu de travail, le produit en est plus considérable que celui des terres d'Europe les mieux cultivées.

Les jardins des Tunisiens ne sont que des enclos d'arbres plantés irrégulièrement, sans allées ni compartimens.

Les Maures sont proprement ceux qui habitent les villes du royaume de Tunis. Ceux qui vivent sous des tentes, sont appelés *Bédouins*.

Tout l'hommage que la régence de Tunis rend au grand seigneur, se réduit aujourd'hui à quelques marques extérieures de respect ; elle ne consulte jamais Sa Hautesse, ni sur la guerre ni sur la paix, et ne se conforme à ses vues qu'autant qu'elles s'accordent avec ses intérêts particuliers.

On parle trois sortes de langues dans le royaume de Tunis : l'arabe, le turc et l'italien corrompu, appelé *la petite langue franque*.

Les Maures et les Turcs ont tant de vénération pour les langues barbaresques, qu'ils regardent ceux qui en ont peu comme des cerveaux faibles et incapables d'affaires importantes.

L'amour des femmes et de l'argent fait la passion dominante des Maures et des Turcs ; mais la première l'emporte sur l'autre. Elle est si violente que, malgré leur avarice, on les a souvent vus n'épargner aucune dépense pour parvenir à la possession d'une belle femme.

Les Tunisiens sont toujours en guerre avec les Corses, les insulaires de Sardaigne, les Vénitiens, l'Etat ecclésiastique et les Espagnols.

Le commerce de Tunis est assez considérable ; les mœurs des Tunisiens, leurs coutumes et leurs habitudes sont à peu près celles des Algériens.

CHAPITRE V.

Du Royaume de Tripoli.

Les révolutions arrivées dans ce royaume ne sont, comme dans les autres états de la Barbarie, qu'une longue série de perfidies, d'ambition, de meurtres et de massacres. Ce sont partout les mêmes scènes ; la différence n'est que dans les acteurs.

Tripoli est gouverné par un Dey. Il est, comme les autres régences barbaresques, sous la protection du grand seigneur, auquel il paie un tribut annuel.

Ce royaume se divise ordinairement en province maritime et en province intérieure, lesquelles ont chacune leurs différentes villes, dont les principales sont :

Tripoli, capitale de tout le royaume, est très-peuplée, quoique d'une grandeur médiocre. Elle est située dans une plaine stérile et sablonneuse, et a plusieurs bonnes fortifications à la moderne, montées de gros canons.

Capez est une grande ville, bien fortifiée, située sur une baie du même nom, et défendue par un fort château. Elle n'est plus habitée, à cause des incursions des Arabes des montagnes, que par un petit nombre de pauvres pêcheurs et d'artisans. Le terrain des environs est stérile et sablonneux.

Elhamma est ceinte d'un bon mur de pierres de taille. Ses habitans et ceux de ses environs sont dans la dernière misère. Ils n'ont ni pêche, ni commerce, ni agriculture pour subsister ; aussi ne vivent-ils que de pillage et de piraterie.

Zaorat, dont les murs sont ruinés, n'est habitée que

par de pauvres gens, qui n'ont d'autres moyens pour subsister que de brûler de la chaux, ou le secours de la pêche et de la piraterie.

Le peu de commerce qui se fait dans le royaume de Tripoli, consiste principalement dans la grande quantité de cendres que les Français et les autres Européens achètent des Arabes pour faire du verre et du savon.

Les principales richesses des habitans procèdent des prises faites par leurs corsaires.

Toute la marine de Tripoli consiste en un vaisseau et cinq ou six petites galiotes.

Le gouvernement, le commerce et les coutumes de cette régence ont tant de ressemblance avec ceux de Tunis, que nous croyons superflu d'en faire une description, qui ne serait qu'une répétition tout à la fois inutile et fastidieuse.

CHAPITRE VI.

Du Royaume de Fez et de Maroc.

Ces deux royaumes étaient compris dans l'ancienne Mauritanie, ainsi appelée des Maures, ses premiers habitans. L'histoire de ces anciens Maures est enveloppée de tant de fables, qu'on n'y peut faire aucun fonds pour ce qui regarde les premiers temps.

Bogud est le premier prince dont on puisse parler avec certitude; il était contemporain de Jules-César. Après sa mort, la Mauritanie fut réduite en province romaine.

Environ quatre siècles après, les Goths passèrent d'Italie en Afrique, et subjuguèrent tout le pays sans beaucoup de peine; ils en furent chassés à leur tour par les Sarrasins vers l'an 600 de Jésus-Christ, qui le furent ensuite eux-mêmes par les Arabes, autres Barbares venus en Afrique pour y établir la religion de Mahomet avec le fer et le feu. Mais leur despotisme et leurs excès ouvrirent, en 1068, le chemin au trône à la famille des Almoravides.

Joseph, second monarque de cette famille, fonda le royaume de Maroc, subjugua celui de Fez et conquit en Espagne les possessions des Maures.

Mais la gloire des *Almoravides* finit avec *Albohali*, son petit-fils, dont la mort et la défaite firent passer la couronne dans la tribu des *Almohades*. C'est Mahomet, quatrième roi de cette famille, qui perdit les possessions des Maures en Espagne. Il y eut encore trois princes de cette famille qui finirent leur règne par des morts violentes.

La race des *Mérins*, élevée sur les ruines des *Almohades*, fut encore plus malheureuse. Ceux de cette famille furent massacrés par leurs propres confidens, leurs frères et leurs fils. La souveraineté des Mérins finit, en 1540, par passer aux chérifs, nom affecté par les descendans de Mahomet.

Amet, premier monarque de cette race, fut détrôné par son frère Mahomet.

Mahomet fut assassiné par ses propres gardes, après un règne rempli de troubles et de séditions.

Abdalla, son fils, immola dix de ses douze frères à sa sûreté. Il mourut avant qu'on pût faire éclater la vengeance méditée contre lui.

Mahomet, fils d'Abdalla, fut obligé de se sauver auprès de Sébastien, roi de Portugal; mais, en 1578, il fut tué à la bataille d'Alcazar, avec ses deux compétiteurs à la couronne de Maroc.

Zidan fut le huitième prince de cette famille. Sa postérité fut privée du trône par une branche collatérale.

Muley-Archy, premier du nom, prince de cette race, étant ivre, voulut pénétrer à cheval dans une orangerie, et se fracassa le crâne.

Muley-Amet, son neveu, alors pacha de Maroc, s'en fit proclamer roi, tandis qu'un frère du défunt en fit autant à Tafilet; mais le fameux *Muley-Ismaël*, autre frère du dernier roi, vainquit ses deux compétiteurs. Ce prince eut de la renommée dans son temps, et se fit remarquer par sa politique, sa cruauté et son zèle pour sa religion (1).

Zidan, un des fils de Muley-Ismaël, fut déclaré héritier de sa couronne, mais sa cruauté et son ivrognerie portèrent ses femmes à l'étrangler.

Muley-Amet-Deby que Muley-Ismaël avait eu d'une de ses favorites, fut nommé son successeur. Le règne de ce prince, qui s'était plongé dans la débauche, ne fut qu'un règne de troubles et de divisions, de meurtres et de massacres; enfin il mourut le 22 Mars 1729.

Muley-Abdalla lui succéda, et laissa après sa mort la mémoire d'un tyran aussi cruel que féroce.

L'empire de Maroc, situé entre le 28e. et le 36e. degré de latitude nord, et le 4e. et le 9e. degré de longitude ouest du méridien de Londres, a une étendue de 500 milles de longueur du nord-est au sud-ouest, et environ 200 de largeur.

Le pays agréablement diversifié de plaines et de montagnes, est arrosé de sources et de rivières qui sortent la

---

(1) Ce prince avait 3,000 femmes et 5,000 concubines, 900 garçons et 300 filles. C'était, pour ainsi dire, le Salomon de l'Afrique.

plupart des montagnes de l'Atlas. On s'y sert, pour les transports, d'ânes, de mulets et de chameaux.

Les habitans de ces royaumes peuvent se diviser en plusieurs classes :

1°. Les *Bérébères*, ou les *Barbares* ainsi nommés, sont les anciens habitans du pays. Ils vivent dans des huttes sur les montagnes.

2°. Les *Arabes*, qui vivent sous des tentes, toujours errans de place en place.

3°. Les *Maures*, descendans de ceux qui furent chassés de l'Espagne, habitent presque toutes les côtes maritimes.

4°. Les *Juifs* (1), qui viennent de ceux qui furent obligés de fuir de l'Espagne et du Portugal.

5°. Les *Renégats* qui, quoiqu'en petit nombre, peuvent être comptés pour une classe particulière.

6°. Les *Nègres* qui, depuis le règne de Muley-Ismaël, ont fait la plus grande figure dans le pays.

Les principales villes de ces royaumes sont :

Méquinez, à douze lieues de Fez et deux de Salé, a deux ou trois milles de tour. On fait monter sa population à 300,000 habitans.

Fez forme deux villes ; la vieille ville est le centre du commerce de tout l'empire.

Téluan, près l'embouchure du détroit de Gibraltar, fait un grand commerce de raisins secs, de cire et de cuir, qui est encore augmenté par la piraterie. Au centre de la ville est un grand donjon pour renfermer, la nuit, les esclaves chrétiens, toujours très-nombreux dans cette ville.

Ceuta n'est remarquable que par sa situation avantageuse, à l'embouchure de la Méditerranée.

---

(1) Ces Juifs surpassent tous les autres en friponnerie.

Salé, bâtie sur les bords du Guerou, est ceinte de bonnes murailles et de deux châteaux. La principale richesse de cette ville vient de ses pirateries ; les corsaires salétins sont les plus hardis et les plus experts de la côte de Barbarie.

Alançar, ville autrefois remarquable, n'est plus qu'une place ruinée.

Maroc a presque deux fois l'étendue de Fez, mais il n'est point peuplé. Son château, qui est aussi le sérail, passe pour le plus beau de toute l'Afrique. Les fameux aqueducs qui conduisent l'eau à la ville depuis plus de quarante milles, forment un ouvrage étonnant.

Tanger est sur une baie, à deux milles du détroit de Gibraltar. A peine cette place mérite-t-elle à présent qu'on en fasse mention.

Un gouvernement aussi despotique, aussi oppressif et aussi vorace que celui de ces royaumes, n'est susceptible ni d'un grand commerce, ni de beaucoup d'améliorations. Ce pays donne trois récoltes tous les ans, et néanmoins, à trois lieues des villes, la terre reste sans propriétaires. Les habitans qui ont quelque argent, loin de le mettre à l'intérêt, l'enfouissent pour ne pas se le voir enlever par leurs oppresseurs. On ne voit dans leurs maisons qu'une ou deux nattes pour se coucher, et quelques autres meubles des plus communs. Leur négoce brille aussi peu que leur agriculture. Les Juifs sont les principaux facteurs et négocians du pays. Ils se dédommagent par des profits immenses, des taxes exorbitantes dont on les accable journellement.

L'exportation du blé est absolument défendue, comme contraire aux préceptes de l'Alcoran ; elle est néanmoins encouragée à Tunis et à Alger.

Le commerce de terre se fait principalement par caravanes. Il en part deux tous les ans de Fez pour la Mecque et Médine. Les Maroquins envoient aussi tous les ans des caravanes en Guinée.

Toute la marine du roi de Maroc ne consiste qu'en trois ou quatre vaisseaux, et quelques barques de corsaires.

L'Empereur a la dixième partie des prises des captifs, des bestiaux, des fruits, des grains, et de tous les produits de la terre.

Les principales exportations des habitans de ces royaumes sont : l'étain, le cuivre, la cire, les cuirs, la laine, les peaux de chèvre, le miel, les dattes, les raisins secs, les olives, les amandes, l'indigo, la gomme arabique, la gomme-sandaraque, les dents d'éléphant, les plumes d'autruche et les belles nattes.

Les importations les plus ordinaires sont des toiles, des draps, du fer en barre, des quincailleries, du soufre, de la poudre à canon, des armes et du plomb.

Les naturels de ce pays, qui sont les Maures, sont stupides, nonchalans, intempérans et dissolus. La corpulence est la principale qualité des femmes ; c'est toujours à leur graisse qu'un homme a égard dans son choix. Les inclinations de ces peuples sont exprimées dans ce proverbe : *un cheval, une femme, un livre ;* et dans cet autre qui prouve leur avarice : *Vinaigre donné est plus doux que miel acheté.*

CHAPITRE VII.

Du Traitement des Esclaves à Fez et à Maroc.

Ce gouvernement est le plus despotique de toute la Barbarie ; c'est là où les sujets éprouvent les misères les plus grandes, et les esclaves la servitude la plus dure. Les travaux les plus rudes infligés aux malfaiteurs en Europe ne sont rien en comparaison des souffrances que subissent ceux qui tombent en la puissance de ces barbares. L'esclavage est à Tunis et à Alger un état de douceur et de repos, relativement à celui de Maroc.

Les captifs, enfermés tous les soirs, sont dès le point du jour conduits à leurs ouvrages par les comites cruels qui les accablent de coups et d'imprécations. Les travaux de ces malheureux sont bien autre chose ici que de réparer et d'équiper des navires ; c'est de travailler à outrance aux bâtimens extravagans qu'il plaît à l'empereur d'élever. Les uns sont obligés de presser le mortier avec une lourde batte dans un moule de bois (1), dont la longueur est d'environ trois verges, et la largeur proportionnée à l'épaisseur du mur qu'on a intention d'élever. D'autres préparent et mêlent les ingrédiens de ce mortier ; ceux-ci tirent des carrières les pierres de chaux ; ceux-là sont employés à les brûler. Certains voiturent de grandes hottes de terre, d'autres conduisent des chariots avec des bœufs et des chevaux, qu'ils sont obligés de faire paître le soir dans les champs, et de les garder quelque temps qu'il fasse, attendu que leur vie répond des accidens. La tâche de plusieurs est de scier et de tailler des pierres de marbre pour en former ensuite des colonnes. Ceux qui possèdent l'art de

---

(1) Comme les Maroquins ignorent la manière de placer uniment des fragmens de briques ou de pierres les uns sur les autres, ils font usage d'un moule de bois où ils jettent le mortier ; ils l'y pressent autant que possible, et quand il est entièrement sec, ils enlèvent le moule.

faire la poudre et les petites armes sont employés à ces ouvrages ; mais ils n'en sont pas mieux traités. Leurs barbares patrons les confondent avec ceux qui, destitués de tout talent, sont mis aux emplois les plus vils, tels que ceux de panser les chevaux, de balayer les écuries, de porter des fardeaux, de moudre avec des moulins à bras. Enfin, quelques-uns de ces malheureux sont chargés du soin des aqueducs, et de tous les ouvrages qui regardent les eaux.

Toutes ces différentes classes ont chacune leur comite et leur inspecteur. Ces barbares punissent sur le champ le moindre délai et la plus légère inadvertance. Ils sont même souvent assez inhumains pour refuser aux infortunés captifs le temps de manger leur pain. Déjà accablés des fatigues du jour, on les traîne souvent la nuit à quelque nouvelle occupation, en leur criant : *Vamos á trabajo, cornutos*, c'est-à-dire, *au travail, cocus ;* invective la plus piquante parmi les Maures, après celle de *fils de Chrétien*. Mais ce qui achève de révolter la nature, ce sont des hommes accouplés à des charrettes avec des ânes et des mulets.

Ces infortunés esclaves sont enfermés la nuit dans des cachots souterrains de figure ronde et d'environ cinq brasses de diamètre sur trois brasses de profondeur. On les y descend avec des échelles de corde qu'on retire ensuite pour appliquer sur l'ouverture une trape de fer.

On ne leur donne pour nourriture qu'une espèce de gâteau noir d'une livre, fait de farine d'orge, et un peu d'huile pour pitance.

L'habillement ordinaire des esclaves est un long pourpoint de grosse laine avec un capuchon, au moyen de quoi, il leur sert de bonnet, de chemise et de culotte.

On ne leur donne que quatre paires d'escarpins tous les dix-huit mois, quoique la chaux et le mortier, avec le rude travail où ils sont journellement forcés, les usent en beaucoup moins de temps.

Nous allons entrer dans quelques détails sur la conduite atroce des corsaires africains (1) contre ceux qui ont le malheur de tomber entre leurs mains.

Aussitôt qu'ils se sont rendus maîtres d'un bâtiment, ils emmènent dans leurs vaisseaux tous ceux qui montent ce bâtiment, capitaine, pilote, matelots, soldats, passagers, qu'ils dépouillent et fouillent jusqu'aux lieux les plus secrets, pour découvrir s'ils n'ont pas d'argent caché.

Arrivés à la première ville, on les promène tête nue dans les marchés pour être vendus. Ceux qui marchandent les esclaves, les font venir devant eux, regardent leur physionomie, leur bouche et le dedans de leurs mains, afin de connaître, par cette inspection, s'ils sont gens de travail ou s'ils ont été élevés dans un état d'aisance.

---

(1) L'anecdote suivante les peindra mieux que tous les raisonnemens qu'on pourrait cumuler contre eux :

« Ragap, rais, un des plus fameux corsaires d'Alger, ayant armé un grand navire, se mit à courir la mer Méditerranée et les côtes de Provence, malgré les défenses du divan qui venait de faire un traité de paix avec la France. Ayant découvert un vaisseau de Marseille, qui revenait du Levant, chargé de soie et d'autres riches marchandises, il s'en empara, et fit voile avec sa prise vers la Barbarie. Mais n'osant se résoudre à entrer dans le port d'Alger, de crainte d'être puni par le divan, il fit transporter dans son bâtiment toutes les marchandises qui se trouvaient dans le vaisseau de Marseille, ainsi que le reste de l'équipage, et afin que trente-six Français qui en composaient une partie ne pussent en faire leurs plaintes à leur arrivée dans le port, il leur fit couper la tête et jeter leur corps à la mer. Après ce massacre, il fit couler à fond le bâtiment. »

Lorsqu'ils voient à quelqu'un un teint de mains délicates, ils en infèrent qu'il est riche, ce qui les détermine à enchérir les uns sur les autres sur ces malheureux captifs, dans l'espérance qu'étant en leur pouvoir, ils en tireront une rançon considérable.

Après les avoir conduits chez eux, ils disent à ces captifs d'écrire à leurs parens, et de leur mander de leur envoyer telle somme pour les racheter, en les menaçant que s'ils ne le faisaient pas, ils les chargeraient de chaînes, les accableraient de coups de bâton, et qu'ils les laisseraient périr de faim dans une matte-morre.

En attendant qu'ils reçoivent une réponse, ils les emploient aux plus vils travaux, les assujettissant à porter les immondices de leurs maisons, à curer leurs cloaques; punissant la moindre prétendue négligence de deux ou trois cents coups de bâton.

Pour tirer quelques profits de leur travail, quelques-uns des patrons les louent, en qualité de manœuvres, à des maçons qui ne cessent de les frapper à grands coups de truelle, sans autre motif que celui d'assouvir leur fureur et celle des patrons.

Les piqueurs ou les commandans, qui mènent les esclaves aux travaux, sont des êtres féroces, qui n'ont de l'homme que la figure. Ils tâchent ordinairement d'appliquer leurs coups sur les parties les plus sensibles et où ils croient causer de plus grandes douleurs. La tête est l'endroit où ils frappent avec une espèce de rage, et quand ils en ont cassé quelqu'une, ils contrefont le chirurgien pitoyable, en y appliquant de la chaux vive pour arrêter le sang qui en sort. Lorsqu'ils voient que quelques-uns des esclaves ne peuvent plus marcher à cause des coups dont ils les ont accablés, ils pensent qu'il n'y a point d'autres moyens de les faire relever qu'en les redoublant, et en faisant oublier les premiers par les seconds.

On a vu de ces esclaves avoir les jarrets tout coupés de la pesanteur de leurs chaînes, et un doigt de chair entamée. Aux uns, on coupe les oreilles, aux autres, des lambeaux de chair vive, en appliquant du vinaigre sur la peau découverte.

Lorsqu'un esclave se plaint de quelque douleur, son maître prend une verge de fer, au bout de laquelle est un bouton, aussi en fer, de la grosseur d'une noix qu'il fait rougir, et brûle le pauvre malade en plusieurs endroits, comme on le fait pour les chevaux, ajoutant ainsi des souffrances horribles à celles qu'il endure déjà par son mal. Aussi, pour éviter de pareils remèdes, l'esclave n'ose se plaindre. Il se contente seulement d'appeler la mort, qui peut seule mettre un terme à son affreuse destinée.

Les esclaves qu'on veut supplicier, sont ou décapités ou empalés, ou jetés sur des crocs de fer, ou brûlés vifs.

Le récit de tant d'horreurs, et dont il existe une foule de relations, engagea dans divers temps plusieurs souverains à châtier les Barbaresques, mais des demi-mesures sont presque toujours insuffisantes, si quelquefois même elles ne sont nuisibles et pernicieuses.

L'ordre de Malte, supprimé par les effets de la révolution, tenait de temps à autre en échec ces barbares, mais ne remédiait pas au mal.

Les Pères de la Merci, par les aumônes qu'ils amassaient chaque année pour la rédemption des captifs, ne firent qu'accroître la cupidité de ces forbans, qui tentaient avec la plus grande audace des entreprises pour se procurer un grand nombre d'esclaves dont ils attendaient de ces Pères une forte rançon.

Les traités de paix de plusieurs puissances de l'Europe avec les chefs des peuples barbaresques, faisant présumer à ces derniers qu'on les redoutait, ils en devinrent plus audacieux, et violant à chaque instant ces traités, leurs corsaires couraient indistinctement sur tous les bâtimens européens qu'ils rencontraient, et, après les avoir pillés, emmenaient en esclavage tous ceux qu'ils portaient.

En vain Alger fut bombardé plusieurs fois par quelques-unes de ces puissances outragées. Ces bombardemens ne firent point cesser leurs pirateries (1), et on vit de nouveau ces barbares infester les mers, faire des débarquemens sur les côtes d'Italie et de la Sardaigne; piller de petites villes, des villages, et réduire en esclavage tous leurs habitans. Pour éviter à l'avenir de pareils désastres, on faisait avec ces forbans de nouveaux traités, par lesquels on leur allouait des sommes considérables et exactement payées; ce qui ne les empêchait pas de renouveler les hostilités et de recommencer leurs pirateries.

Un cri général d'indignation s'est élevé dans l'Europe contre ces brigands; mais ce cri n'a point été entendu, la politique des cabinets s'opposant, dit-on, à faire justice des pirates qui désolent impitoyablement le commerce et ravagent les côtes de la Méditerranée.

---

(1) Les bombardemens effraient si peu les Algériens, qu'un consul anglais se plaignant un jour au Dey, de quelques contraventions aux traités faits avec le roi son maître, et lui insinuant que leur inobservation pourrait entraîner un bombardement, celui-ci lui demanda combien il en coûterait au roi pour cette entreprise. — Vingt millions, lui répondit le consul. — Eh bien! qu'il m'en donne dix, et je brûle moi-même Alger.

On s'attendait qu'au congrès il serait pris des mesures fortes et vigoureuses contre les incursions hostiles de ces barbares ; d'autres intérêts ont fait perdre de vue le projet d'affranchir l'Univers d'une horde de scélérats qui, ne reconnaissant aucune loi divine et humaine, se font un jeu de violer les traités les plus solennels et les plus sacrés, en se portant à tous les excès de la violence et de la barbarie.

Un véritable ami de l'humanité, Sidney Smith, avait envoyé un mémoire au congrès, pour proposer une croisade (1) contre ces Africains, perfides violateurs de toutes les règles politiques et du droit des gens. Ce mémoire, rempli de vues saines et d'idées nobles et libérales, ne produisit aucun effet ; on ne mit pas même en discussion un point de politique qui regardait l'intérêt général de l'Europe. Voici ce mémoire digne d'occuper une place honorable dans les annales de l'histoire.

OBSERVATIONS

Sur la nécessité et les moyens de faire cesser les pirateries des États barbaresques.

Pendant que l'on discute sur les moyens d'opérer l'abolition de la traite des nègres sur la côte occidentale d'Afrique, et que l'Europe civilisée s'efforce d'étendre les bienfaits de la paix, du commerce et de l'industrie, ceux de la

---

(1) Si la croisade qu'on propose avait été marquée au coin de l'extravagance et n'eût rien présenté d'utile, peut-être eût-elle été accueillie. Certes, cette assertion, quoique forte, n'est pas sans fondement.

sécurité des personnes et des propriétés dans l'intérieur de ce vaste continent peuplé d'hommes doux, industrieux et capables de jouir au plus haut degré des avantages de la civilisation, il est vraiment étonnant qu'on ne fasse aucune attention à la côte septentrionale de cette même contrée, habitée par des pirates turcs, qui, non seulement oppriment les naturels de leur voisinage, mais les enlèvent et les achètent comme des esclaves, pour les employer, dans les bâtimens armés en course, à arracher à leurs foyers d'honnêtes cultivateurs et de paisibles habitans des côtes de l'Europe.

Ce honteux brigandage ne révolte pas seulement l'humanité, mais il entrave le commerce de la manière la plus nuisible, puisqu'un marin ne peut naviguer aujourd'hui dans la Méditerranée, ni même dans l'Atlantique, sur un bâtiment marchand, sans éprouver la crainte d'être enlevé par ces pirates, égorgé ou conduit comme esclave en Afrique. Le gouvernement d'Alger se compose des officiers d'un *Orta,* ou régiment de janissaires, soldatesque révoltée, prétendant ne pas reconnaître, même en apparence, l'autorité de la Porte Ottomane, qui cependant n'avoue pas cette indépendance. Le Dey est toujours celui des officiers de l'*Orta,* qui s'est le plus distingué par sa cruauté. Il se maintient à la tête de la régence du divan, en enrichissant ses confrères, c'est-à-dire en leur permettant toutes sortes de violences en Afrique et de pirateries par mer, contre les nations européennes faibles, ou dont il n'a rien à craindre.

Le pavillon ottoman même ne suffit pas pour protéger ses sujets et les mettre à l'abri des corsaires algériens. Dernièrement le Dey, soit par un caprice de cruauté, soit par une politique barbare dont le but est de détruire le commerce de ses rivaux de Tunis et de Tripoli, fit pendre les équipages de quelques bâtimens de l'Archipel et de l'Égypte, chargés de blé et tombés en son pouvoir.

Le bacha d'Égypte, dans sa juste colère, a fait arrêter tous les Algériens qui se trouvaient dans ses états, et a réclamé en vain la restitution des cargaisons injustement saisies par le Dey d'Alger.

La Porte Ottomane voit avec indignation, et même avec ombrage, qu'un vassal révolté ose se permettre les actes les plus outrageans, les plus atroces contre ses sujets paisibles, et qu'il entrave un commerce dont elle a plus que jamais besoin pour payer les troupes des bachas envoyés sur la frontière orientale de l'empire ottoman, pour combattre les Wachabites et les autres nombreuses tribus arabes qui, sous l'influence de sectaires, ne cessent, par leur invasion, de menacer l'existence de ce gouvernement chancelant.

D'un autre côté, l'Europe est intéressée à soutenir le gouvernement ottoman, et comme autorité reconnue, et comme un pouvoir qui peut contenir les bachas et les beys révoltés, et les empêcher de faire, à l'exemple d'Alger, des pirateries sur mer. Cet intérêt commun de l'Europe dérive plus particulièrement encore de la nécessité dans laquelle elle se trouve souvent d'importer les blés de la mer Noire ou ceux du Nil, contrées où il y a toujours surabondance, attendu que la mauvaise saison du nord, du territoire ottoman, est toujours contre-balancée par la bonne saison du sud dans la même année, et *vice versâ*.

Or, si un barbare, se disant prince indépendant, quoique non reconnu tel par le sultan ottoman, son souverain légitime, peut à son gré menacer, effrayer, prendre les

Grecs et les marins des petits états européens, qui seuls font un commerce que les bâtimens des grandes puissances ne trouvent point assez avantageux pour être suivi, parce qu'ils ne peuvent naviguer à aussi peu de frais; si ce chef audacieux de pirates peut, quand bon lui semblera, intercepter les cargaisons des blés destinés pour l'Europe, les peuples civilisés sont par ce fait sous la dépendance d'un chef de voleurs qui, à leur insu, pourrait augmenter leur détresse, ou même achever de les affamer dans un temps de disette.

Le Barbare a aussi un moyen formidable d'extorquer de l'argent des princes chrétiens; il les menace (ce qu'il vient de faire par rapport à la Sicile) de mettre à mort ceux de leurs sujets tombés en son pouvoir: sa cruauté connue, rendant ses menaces très-redoutables, lui devient un moyen de faire servir l'argent d'un prince chrétien à soutenir la guerre qu'il déclare à l'autre; il peut ainsi mettre toute l'Europe à contribution, et forcer, pour ainsi dire, les nations, à tour de rôle, à payer un tribut à sa férocité en achetant de lui la vie des malheureux esclaves et la paix.

Il est inutile de démontrer qu'un tel état de choses est non seulement monstrueux, mais absurde, et qu'il n'outrage pas moins la religion que l'humanité et l'honneur.

Les progrès des lumières et de la civilisation doivent nécessairement le faire disparaître.

Il est évident que les moyens militaires employés jusqu'à ce jour par les princes chrétiens pour tenir en échec ceux des états barbaresques, ont été non seulement insuffisans, mais ont eu le plus souvent pour résultat de consolider davantage le dangereux pouvoir de ces barbares. L'Europe a paru long-temps se reposer sur les efforts des chevaliers de S. Jean de Jérusalem, et n'a point assez vu que cet ordre chevaleresque n'avait, dans les derniers temps, ni assez de pouvoir, ni peut-être assez d'énergie pour contre-balancer et repousser les agressions toujours renaissantes de ces nombreux pirates. D'ailleurs, par son institution, l'ordre de Malte, obligé de ne point transiger avec les Infidèles, ne pouvait mettre à profit toutes les ressources de la politique, en faisant des traités d'alliance avec ceux d'entr'eux qui sont plutôt victimes eux-mêmes du système pirate qu'actifs coopérateurs; comme, par exemple, Tunis et Maroc, gouvernés tous deux par des princes nés dans ces états qui, depuis long-temps, se sont montrés bien disposés, et sont capables de maintenir, avec des puissances européennes, des relations commerciales et de bon voisinage. Ainsi, la résurrection de cet ordre, après le suicide politique qu'il a commis sur lui-même, ne pourrait suffire seul au but qu'on se propose. Ce but honorable est de mettre pour toujours l'Europe à l'abri des attentats perfides des corsaires africains, et de faire succéder à des états essentiellement pirates depuis le règne de Barberousse, des gouvernemens justes et utiles au commerce, et en harmonie avec toutes les nations civilisées.

Maintenant quels sont les moyens à employer? Je voudrais pouvoir faire partager à toute l'Europe ma conviction, résultat de plusieurs années d'études et d'examen approfondis. Je n'ai cessé, pendant quelques années, de m'occuper du sujet que je traite; je m'en suis occupé dans les camps, sur les flottes de cette même puissance, et pendant tout le cours de mes rapports assez connus avec les nations et tribus de l'Afrique et de l'Asie.

Cette conviction intime de la possibilité de faire cesser promptement le brigandage des états barbaresques, ne saurait être mieux prouvée que par l'offre qu'il fait de prendre la direction de l'entreprise, si l'on met à sa disposition les moyens nécessaires.

Animé par le souvenir de ses sermens comme chevalier, et désirant exciter la même ardeur dans les autres chevaliers chrétiens, je propose aux nations les plus intéressées au succès de cette noble entreprise, de s'engager, par un traité, à fournir leur contingent d'une force maritime et, pour ainsi dire, amphibie, qui, sans compromettre aucun pavillon, et sans dépendre des guerres ou crises politiques des nations, aurait constamment la garde des côtes de la Méditerranée, et le soin important de surveiller, d'arrêter et de poursuivre tous les pirates par terre et par mer. Ce pouvoir, avoué et protégé par toute l'Europe, non seulement rendrait au commerce une parfaite sécurité, mais finirait par civiliser les côtes d'Afrique, en empêchant ces habitans de continuer leur piraterie au préjudice de leur industrie et de leur commerce légitime.

Cette force protectrice et imposante commencerait par un blocus rigoureux des forces navales des Barbaresques, partout où il pourrait s'en trouver; en même temps, les ambassadeurs de tous les souverains et états de la chrétienté devraient se soutenir mutuellement, en représentant à la Porte Ottomane qu'elle ne peut qu'être responsable elle-même des actes hostiles de ses sujets, si elle continue de permettre dans ses états le recrutement des garnisons en Afrique, qui ne lui sont d'aucune utilité, tandis que ses forces pourraient être mieux employées contre ses ennemis que contre les puissances européennes et amies, et en exigeant d'elle un désaveu formel et une interdiction authentique des guerres que ces chefs rebelles déclarent à l'Europe.

On pourrait engager la Porte Ottomane à donner de l'avancement et des récompenses à ceux des janissaires, capitaines de frégate, et autres marins algériens qui obéiraient à l'appel du sultan, et, par ce moyen, le Dey se trouverait bientôt abandonné et sans aucun moyen de défense.

Cette même influence pourrait être employée d'autant plus efficacement à Tunis, que ce pays est souvent en guerre avec Alger, dont il a réellement tout à craindre. D'ailleurs, le chef du gouvernement tunisien est d'un caractère tout opposé à celui du Dey d'Alger; il se prêtera volontiers à tout ce qui pourra civiliser son état et amener la prospérité de son empire. La paix entre Tunis et la Sardaigne, qui a tant souffert par l'enlèvement de ses sujets, doit être le premier anneau de la chaîne, et l'on ne doit rien négliger dès à présent pour l'obtenir.

Les autres détails seront aisément développés, quand les Souverains auront adopté le principe et qu'ils auront daigné accorder à des gens habiles et expérimentés la confiance et l'autorisation nécessaires au succès de l'entreprise.

J'espère que ces observations seront bien accueillies, et produiront la plus vive sensation; et certes, on doit applaudir avec raison à un projet qui n'a rien que de louable et d'utile. Quelques personnes néanmoins, qui prennent toujours à tâche d'être d'un avis opposé à celui des autres, trouveront ce projet, cette entreprise chevaleresque; ils le traiteront même de ridicule.

Quoi qu'il en soit, les bons esprits y donneront leur attention, leur assentiment, et s'efforceront d'appuyer, par les faits et les raisonnemens, les vœux d'un citoyen philantropique. Mais, comme dit un philosophe, le mal se fait en un instant, et il faut des siècles pour opérer quelque bien.

Cependant il faut espérer que la voix de l'humanité et de la justice sera entendue dans les différens pays de l'Europe, et qu'on y prendra les moyens propres à arriver à un but si digne de l'attention de l'homme ; que quelques-uns des membres des gouvernemens, imitant l'exemple de l'immortel Caning, plaidera éloquemment et énergiquement la cause sacrée de l'humanité et de la justice devant ses illustres collègues.

Ce philantrope sera plus capable qu'aucun autre de traiter un pareil sujet. Joignant à des vastes connaissances dans la morale, la politique et la littérature, l'expérience qui s'acquiert par des voyages de long cours dans diverses parties du monde, il a dû mieux sentir de quel intérêt il était pour l'humanité et le commerce de détruire les repaires de ces corsaires africains dont l'existence est tout à la fois le fléau des peuples et la honte de l'Europe.

Nous terminerons cette partie par quelques réflexions qui naissent du sujet.

Il est inoui qu'au 19e. siècle, dans ce siècle de connaissances, de lumières et d'humanité, on traite de chevaleresque la croisade qu'on propose contre les Barbaresques. Quelques mauvais plaisans cherchent à tourner en ridicule un projet qui tend à affranchir le commerce du pillage, et les marins et les voyageurs de l'esclavage ou de la mort ; projet d'ailleurs qui, au fond, n'est autre chose qu'un acte le plus solennel de justice, de civilisation et d'humanité. Quelques politiques de café prétendent, dans l'effervescence de leur échauffement, que l'existence de ces pirates est nécessaire pour établir un certain je ne sais quel équilibre parmi les puissances de l'Europe. Eh quoi ! quel équilibre peuvent jamais établir des gens, des puissances qui cherchent toujours les moyens de détruire toutes les lois de l'équilibre politique, moral et religieux, en violant d'une manière honteuse et scandaleuse le droit des gens, la loi naturelle, la morale universelle, et enfin toutes les règles et convenances sociales adoptées et respectées par les différentes nations de la terre !

Il est permis quelquefois de déraisonner dans des matières de peu d'importance, mais on ne se serait jamais imaginé qu'on ait pu pousser l'extravagance et la déraison jusqu'à ce point.

Et, en effet, est-il rien de plus absurde et d'injuste et de dangereux même que de justifier sur leurs brigandages, leurs crimes et leurs forfaits, des Barbares qui ne reconnaissent aucun droit des gens, qui foulent aux pieds tout ce qui est respectable, sacré parmi les hommes, et saint dans le ciel ; qui, depuis plusieurs siècles, exercent impunément sur la mer et ses côtes une piraterie et une cruauté qui n'ont pas d'exemple dans l'histoire, et d'établir cette justification sur un équilibre chimérique dont ces Africains barbares et cruels n'ont pas la première idée ; équilibre qui n'existe que dans les têtes creuses de ces rêveurs politiques?

On a prétendu que l'ordre de Malte, qui a été dissous dans le cours de la révolution, était un rempart contre les insultes, les attaques et les ravages des Infidèles. Nous ignorons jusqu'à quel point une telle assertion est fondée ; mais ce que nous savons, c'est que l'existence de cet ordre était un faible obstacle aux tentatives des pirates, et que des demi-mesures entraînent presque toujours à des résultats presque nuls.

D'où l'on peut conclure, d'après ce que nous venons de dire, qu'il n'existe qu'un seul moyen de mettre un terme aux pirateries scandaleuses des Africains, celui de les chasser de leurs repaires, de les refouler dans l'intérieur de l'Afrique, et d'y établir des colonies et des garnisons européennes.

Ce vœu est celui de toutes les personnes pour qui l'humanité et la justice ne sont pas de vains noms ; assez et trop long-temps l'injustice et la cruauté ont régné, il est temps que tout rentre dans l'ordre et l'harmonie, et que le droit des nations, ainsi que leurs lois, ne soient plus traités de chimères et d'illusions !

CHAPITRE VIII.

Du Bombardement d'Alger.

Malgré les vœux ardens que tous les amis de l'humanité font, depuis si long-temps, pour voir enfin s'organiser une sainte alliance, une coalition générale contre les peuples barbaresques, ces pirates n'en continuent pas moins leurs déprédations et leurs brigandages. Les États de Sardaigne et du Pape, sur lesquels ils commettaient des hostilités et des ravages journaliers, se plaignirent à leurs princes qui, voulant enfin faire cesser les excursions et les brigandages de ces Barbares, implorèrent l'intervention de l'Angleterre.

Cette puissance expédia une flotte contre Alger et Tunis. Le lord Exmouth, qui la commandait, envoya en avant un navire pour annoncer au Dey d'Alger l'arrivée prochaine de la flotte, et les conditions sous lesquelles il leur accorderait la paix.

Le Dey, sous prétexte d'avoir besoin des conseils de son divan, voulut gagner du temps; mais on lui déclara que cette excuse n'était pas valable, et qu'il fallait faire une réponse catégorique. Pendant ce temps, la flotte approchait pour appuyer l'énergie de cette déclaration. Quand le Dey se vit aussi vivement pressé, il parut prêt à s'arranger à l'amiable. Lord Exmouth mit pied à terre, et au bout de quelques heures, un traité avec la Sardaigne et Naples fut signé, à des conditions très-onéreuses pour ces puissances.

On aurait préféré à cet arrangement l'anéantissement des forces de ces pirates; mais il paraît que lord Exmouth a trouvé qu'Alger était une place très-forte, défendue par 286 canons, dont quelques rangées sont à quarante-cinq pieds au-dessus du niveau de la mer; que le Dey avait sept mille hommes d'infanterie, et dans le port cinq frégates et quatre corvettes.

Le 7 Avril, la flotte fit voile pour Tunis (1), où elle arriva le 11. Lord Exmouth y fut plus heureux qu'à Alger, en obtenant que les esclaves napolitains seraient délivrés moyennant 300 dollars par tête, et les esclaves sardes pour rien.

Malgré les traités faits entre les Barbaresques et lord

(1) Tunis paraît aux Anglais plus difficile à détruire qu'Alger. Les fortifications de la première de ces villes ont une lieue de circonférence, et sont placées à deux lieues de la mer, qui communique avec elles par un grand lac navigable seulement pour les bateaux. L'opinion des Anglais est que, si Tunis est détruit, il ne restera plus d'appui à la marine des Barbaresques.

Exmouth, relativement aux états de Naples et de Sardaigne, ces derniers se sont portés à de nouveaux outrages contre un bâtiment anglais. On s'étonna que cet amiral eût sanctionné de pareils traités, et eût préféré de honteuses négociations à ce qu'il avait le droit d'obtenir par la force ; car de pareilles négociations semblent approuver tous les brigandages, toutes les captures antérieures et toutes les spoliations que ces pirates pourront encore commettre sur les nations qui ne sont pas du nombre des parties contractantes.

Mais ces hostilités n'étaient que le prélude de celles qui devaient avoir lieu quelques jours après. Ces corsaires descendirent sur une des côtes de la Méditerranée, pillèrent un village entier, dont ils enlevèrent les hommes, les femmes, les enfans et les vieillards qu'ils embarquèrent sur leurs bâtimens pour les réduire en esclavage.

Le 31 Mai, 350 barques de diverses nations se trouvaient, selon l'usage, près de Bonne (1) et le long de la plage de cette ville, occupées à la pêche du corail. Au lever du soleil, on entendit un coup de canon, et à l'instant même un grand nombre de gens armés, environ cinq mille hommes, dont une partie à cheval, sortirent de la ville et tombèrent sur les pauvres matelots des barques qui se trouvaient à terre, massacrant tout sans distinction de pavillon. Cent des embarcations sont devenus la proie des Algériens, avec la majeure partie de leurs équipages. Trois cents hommes furent tués dans l'attaque imprévue de ces barbares.

(1) Petite ville de la régence d'Alger. C'est, dit-on, l'ancienne Hippone, fameuse par le séjour qu'y fit le grand S. Augustin, qui en était à la fois et le pasteur et le flambeau.

Le frère du vice-consul anglais, résidant à Bonne, se sauva par la fuite, après avoir été blessé.

Ce qui prouve à l'évidence que le gouvernement d'Alger était complice de cette agression inattendue, fut que le canon des forts de Bonne ne cessa de faire feu sur les bâtimens.

Les états de Tunis et d'Alger ont aussi insulté depuis le pavillon anglais. Des Tunisiens ont pris un vaisseau de Malte et réduit son équipage en esclavage. A cet acte d'injustice ils ont ajouté l'insulte et le mépris envers le capitaine du bâtiment de Sa Majesté Britannique. Le pilote a été traité avec la plus grande insolence quand il était à terre, et a été attaqué à coups de pierres dans le retour à son bâtiment. Nous sommes heureux d'apprendre de telles nouvelles. Il arrive souvent que l'on ne s'occupe de la guérison de certaines maladies que lorsqu'elles deviennent dangereuses. N'attaquons point ces états d'une manière ordinaire, pour obtenir réparation de l'insulte et de l'injustice. Les pauvres habitans de ces contrées ne sont pas plus à blâmer de toutes les insultes faites à l'Europe civilisée que les habitans de l'Europe ; ils sont ceux qui souffrent le plus du gouvernement établi dans le nord de l'Afrique ; ils sont journellement et généralement les victimes. La guerre ne doit donc pas être faite contre la population, mais contre les tyrans de cette partie du monde.

Peu de temps auparavant, lord Exmouth, commandant les forces britanniques dans la Méditerranée, rencontra un corsaire algérien qui lui demanda des vivres pour deux cents esclaves chrétiens qu'il avait pris sur les côtes de la Pouille et de la Marche d'Ancône, en menaçant de les jeter à la mer, si l'amiral refusait des vivres. Les vivres furent accordés.

Une gazette de Milan, à peu près à la même date, transcrit le récit d'un voyageur nouvellement arrivé de Tunis, qui rapporte les détails suivans sur l'état des souffrances et d'avilissement où sont les prisonniers chrétiens dans les pays barbaresques :

« Pendant mon séjour à Alger, dit-il, j'habitais la maison de campagne du consul anglais ; j'allais chaque matin visiter mes malheureux compagnons de voyage, particulièrement les deux frères Terrens, de Livourne, l'un négociant estimé, l'autre excellent peintre, tous deux esclaves et dispensés des travaux publics par une grace toute particulière. Les visites qu'on me permettait de leur faire étaient fort abrégées par nos surveillans ; je ne revenais jamais de cette ville affreuse sans avoir le désespoir dans le cœur. Les murs d'Alger font éprouver au voyageur une sorte d'angoisse ; il semble qu'on ait peine à respirer sur cette terre du despotisme et de l'oppression. La vue des tyrans et des esclaves, des oppresseurs et des opprimés, de ces barbares insolens et des infortunés qui sont leurs victimes ; ce contraste d'abaissement et d'arrogance, la possibilité d'être soi-même accablé, maltraité, emprisonné, mis même à mort sur le simple soupçon d'un despote (1), ou parce que tel est son bon plaisir ; tout porte

(1) Partisans aveugles, prôneurs insensés et éternels d'intolérance, de persécution, de despotisme et d'absolutisme, venez ici, et voyez dans ce gouvernement perfide, arbitraire, tracassier, injuste, cruel, sanguinaire et destructeur, un modèle achevé de votre perfection idéale, les effets funestes, les fruits amers du système absurde et dangereux de politique que vous voudriez bien établir par toute la terre ! Voyez-les et rougissez, si vous avez encore quelques restes de honte, de modestie, d'humanité, de justice dans vos veines desséchées ! Voyez où aboutit l'ordre in-

dans l'ame la tristesse, le découragement, l'abattement et la terreur.

» Qui ne connaît pas l'état de servitude, qui n'a jamais vu ce qui se passe à Alger, ne soupçonne point à quel degré d'avilissement peut arriver l'ame humaine sous le poids de la misère et de l'abattement. J'ai vu à Alger plus de seize cents esclaves; plus de cent succombaient chaque année au désespoir ou à l'excès des fatigues. Renfermés tous les soirs dans un bagne, ils couchent sur la terre, comme des pourceaux, nus, exposés au vent et à la pluie. Dès le point du jour, leurs gardiens les réveillent à coups de rotin et les conduisent, comme des troupeaux, à leur pénible tâche. Les uns sont employés à l'arsenal, où la moindre faute leur attire trois cents coups de bâton sous la plante des pieds; d'autres, comme des bêtes de somme, sont condamnés à détacher, à transporter d'énormes rochers qui les écrasent souvent de leur poids. J'ai vu plusieurs de ces infortunés retourner à la ville mutilés et sanglans; j'en ai vu tomber sur les chemins, refuser par faiblesse ou par désespoir de se relever sous le fouet de leurs bourreaux, et attendre, dans l'immobilité, la mort qu'ils

---

sensé de choses que vous voudriez à toute force et à tout prix introduire dans le monde! Voyez le type de législation, le critérium de gouvernement que vous vous efforcez tant de donner à la société! Voyez les tristes et déplorables suites d'un régime fatal dont vous menacez le genre humain, le monde civilisé, l'humanité déjà trop malheureuse! Voyez-les, et couvrez-vous de honte et de confusion à la vue de l'édifice gothique que vous voudriez élever sur les ruines de la paix, du bonheur et de la félicité de l'espèce humaine! Voyez ce système éminemment injuste et ignominieux sous le poids despotique et accablant duquel vous voudriez humilier, avilir, dégrader, écraser le genre humain!

imploraient; de manière que l'on peut dire qu'ils font le *chemin de la Croix*.

» La nourriture des Chrétiens consiste en deux pains noirs et amers qu'on leur distribue, l'un le matin et l'autre le soir. Réduits à vivre dans la plus dégoûtante misère, ils restent sans consolation, sans espoir, l'objet des mauvais traitemens et de la risée des Turcs. Privés de l'assistance d'un prêtre, ces malheureux n'ont pas même les secours de la religion. L'Espagne seule salarie un pauvre ecclésiastique chargé de veiller, près d'un petit hospice, à la sépulture des Chrétiens. Avant que cette puissance eût, il y a peu d'années, acheté un étroit cimetière, les restes des Européens étaient jetés à la voirie et abandonnés aux chiens.

» Le prix très-élevé que mettent les Barbaresques à la rançon de leurs prisonniers, rend leur délivrance rare et difficile. Le Dey exige 1,500 piastres par chaque tête de Chrétien. »

Pour venger tant d'insultes, l'Angleterre vient enfin de se décider à un parti vigoureux. La flotte de lord Exmouth vient de faire, de nouveau, voile de Plymouth pour les côtes barbaresques, avec une flotte bien armée. Il doit être joint par deux frégates et trois corvettes du Pape, et par plusieurs bâtimens sardes et napolitains. On a appris aussi que les Américains, qui ont beaucoup à se plaindre de ces pirates, dirigent une escadre contre Alger.

On doit présumer que cette entreprise obtiendra un succès complet sur ces brigands, qu'il serait essentiel, pour le repos de la société et le bonheur de l'humanité, de repousser dans l'intérieur de l'Afrique. Nous allons jeter, en attendant son issue, un coup d'œil rapide sur les principales expéditions qui ont précédé celle-ci.

La première, et sans doute la plus mémorable, fut celle que Charles Quint commanda en personne. L'esprit chevaleresque, qui régnait encore à cette époque, donnait à cette grande expédition toutes les apparences d'une nouvelle croisade.

Après avoir rétabli à Tunis un souverain malheureux et persécuté, Charles Quint déploya des forces immenses et formidables contre Alger ; il partit avec les bénédictions du Pape, et avec une armée animée d'une ardeur et d'un courage extraordinaires. Néanmoins, cette entreprise (1), commencée avec tant d'appareil, eut la plus déplorable issue. Charles Quint méprisa les règles de la prudence, et ne tint aucun compte des saisons. Il s'embarqua au milieu des tempêtes d'automne, et n'arriva devant Alger que pour y présenter le triste spectacle du néant des grandeurs humaines. En une seule nuit, en moins d'une heure, la fureur des élémens détruisit quatre-vingt-six vaisseaux et quinze galiotes, avec tous leurs équipages et leurs magasins militaires. L'armée qui avait débarqué fut privée de tous ses moyens de subsistance ; des torrens de pluie inondèrent le camp ; les troupes dispersées tombèrent en partie sous le fer des Maures et des Arabes, et le reste ne se sauva de la fureur de ces ennemis acharnés qu'en courant les plus grands dangers.

En 1601, l'Espagne voulut tenter un nouvel effort contre Alger. La flotille destinée à cette opération entra dans la baie le 5 Août ; mais un vent qui vint à souffler de la terre la repoussa en pleine mer et mit le désordre dans l'armement. Les Espagnols durent se féliciter de cette circonstance, car leurs vaisseaux étaient si mal

---

(1) Elle eut lieu en 1541, malgré l'avis de l'amiral Doria.

équipés, leurs troupes de débarquement si peu nombreuses, qu'ils ne devaient s'attendre qu'aux plus grands désastres devant une ville revêtue de fortifications redoutables.

A cette époque, la marine algérienne était une des plus puissantes sur la terre, par le nombre, la force de ses vaisseaux, l'audace et l'habileté de ses marins : ce fut donc aussi l'époque de ses plus grandes déprédations. En vain les puissances d'Europe envoyaient-elles souvent des ambassadeurs à Constantinople pour demander qu'on fît respecter leurs pavillons. Le sultan faisait la sourde oreille ; intérieurement il n'était pas fâché de voir les Chrétiens humiliés devant le croissant ; son autorité, d'ailleurs, n'aurait pas été assez forte pour leur donner la satisfaction qu'ils demandaient.

Les premiers armemens de la France contre Alger eurent lieu en 1617, sous le règne de Louis XIII. Les préparatifs furent considérables. On se vantait de pouvoir réussir à soumettre ces forbans ; mais les exploits de l'amiral Beaulieu, qui commandait l'expédition, se bornèrent à la destruction de trois ou quatre bâtimens corsaires. Ils se vengèrent largement de cette attaque, en portant la désolation sur les côtes de la Provence.

L'essai de Jean Gascon de brûler la flotte des Algériens dans leur baie même peut à peine être cité parmi les expéditions des états européens, malgré la sanction et l'assistance que lui donna Philippe II. Un excès de témérité fit manquer cette entreprise, comme celle de Charles Quint, et la mort déplorable de Jean Gascon fut un avis pour tous les aventuriers.

Les Algériens continuèrent long-temps à tourmenter les puissances maritimes de l'Espagne, et portèrent, après l'expulsion des Maures de l'Espagne, leurs ravages à un degré incroyable. Enfin, la France résolut d'armer contre eux, et Beaulieu les défit dans un combat naval.

Les Anglais voulurent aussi armer contre les corsaires de la mer Méditerranée. L'escadre des vaisseaux de guerre, commandée par sir Robert Mamel, partit de Portsmouth en 1820, pour les chercher et combattre. Il se vanta, à son retour, d'avoir coulé à fond un grand nombre de bâtimens algériens; mais ses récits dénués de preuves trouvèrent alors beaucoup d'incrédules : ce qui est certain, c'est qu'à la suite de cette expédition, la navigation de la Méditerranée ne fut pas rendue plus sûre. L'audace des pirates fut telle qu'ils poursuivaient jusque dans les ports de la Turquie, les alliés mêmes du grand seigneur.

En 1664, autre tentative de la France.

Le duc de Beaufort, chargé de la diriger, ne put parvenir à s'établir près du port de Gigerai, comme le voulait son plan de campagne. Il perdit son artillerie et une grande partie de ses troupes.

En 1671, Edward Spragge vint pour attaquer Alger. Il rompit la chaîne qui fermait l'entrée du port, brûla quelques vaisseaux et se retira.

A cette époque, la Hollande avait atteint son plus haut degré de prospérité; ses vaisseaux sillonnaient toutes les mers du monde, et allaient mettre à contribution les pays les plus éloignés. Bien que le commerce qu'elle faisait alors dans la Méditerranée ne fût pas très-important, les déprédations que commettaient les Barbaresques lui causaient encore de grands dommages, et une république aussi fière et aussi puissante ne pouvait supporter tranquillement de pareils affronts. L'amiral Ruyter, le plus grand homme de mer de son temps, fut chargé d'une expédition dans la Méditerranée. Elle n'eut point lieu par une attaque décisive contre le repaire des pirates ; mais l'habile marin prit des mesures tellement sages et vigoureuses contre eux, qu'il les força pour long-temps à respecter le pavillon hollandais.

Aux expéditions des puissances européennes succédèrent les armemens particuliers de plusieurs Français : Tourville, Hocquincourt et le vieux Paul vinrent aussi se mesurer avec les pirates tant d'Alger que des autres régences barbaresques ; mais battus sur un point, ils reparaissaient sur un autre, se jouant, pour ainsi dire, des efforts des plus habiles marins de l'Europe.

Les Vénitiens sont aussi entrés en lice avec les pirates. Leur escadre, puissamment armée, détruisit celle des corsaires. Cependant cette défaite n'ôta point aux Barbaresques le goût du pillage. Ils infestèrent impunément les côtes et les parages de la Méditerranée, jusqu'à ce que Louis XIV, provoqué par leurs outrages, jugea nécessaire de leur infliger un châtiment depuis long-temps mérité.

Comme l'expédition de l'amiral Duquesne montre jusqu'à quel point on peut réussir, par un armement naval, à humilier les Algériens et autres puissances barbaresques, nous allons entrer dans quelques détails à ce sujet.

L'amiral Duquesne fit voile pour Alger au mois d'Août 1682, et, ayant jeté l'ancre devant la ville, il la bombarda avec tant de vigueur, que toute la place fut bientôt la proie des flammes ; déjà les habitans s'apprêtaient d'abandonner leurs maisons, lorsque le vent changea subitement, et força l'amiral à rentrer à Toulon. Immédiatement après, les Algériens exercèrent les plus terribles représailles, et il fallut armer de nouveau contre eux.

L'année suivante, au mois de Mai, Duquesne, avec son escadre, reparut devant Alger, et le marquis d'Affranville étant venu le rejoindre avec cinq gros navires, il fut résolu de bombarder la ville le lendemain. Ce jour-là on y jeta cent bombes qui firent un terrible ravage, tandis que les assiégés faisaient quelques centaines de décharges de leurs canons, sans beaucoup d'effet. Dans la nuit on lança encore tant de bombes que le palais du Dey et d'autres grands édifices furent détruits; que plusieurs batteries furent démontées, et quelques vaisseaux coulés bas dans le port.

Effrayés de ce ravage, le Dey et toute la soldatesque demandèrent la paix.

L'amiral exigea avant tout que les captifs chrétiens, pris en combattant sous pavillon français, fussent rendus sans exception. Cette condition fut promptement exécutée; cent quarante-deux prisonniers furent délivrés avec la promesse d'envoyer les autres dès qu'on serait parvenu à les rassembler des divers districts du pays. En conséquence, Duquesne envoya à la ville son commissaire général et un de ses ingénieurs, en leur enjoignant d'insister expressément sur la délivrance de tous les prisonniers français, et sur la restitution des effets qui leur avaient été enlevés. Mézomorto, leur amiral, et Hali, rais, un de leurs capitaines, devaient servir d'ôtages à l'amiral français.

Cette dernière demande embarrassa le Dey; ayant assemblé le divan, il lui en fit part. Aussitôt Mézomorto dit avec beaucoup d'emportement que la lâcheté de ceux qui étaient à la tête des affaires causait la ruine d'Alger, et que, pour sa part, il ne rendrait jamais rien de ce qu'il avait pris aux Français. Il communiqua ensuite sa fureur aux troupes; ils assassinèrent le Dey dans la nuit, et mirent le lendemain Mézomorto à sa place. Celui-ci cassa le traité, et les hostilités recommencèrent avec plus de fureur et d'acharnement que jamais.

L'amiral français poursuivit le bombardement et réduisit en cendres une grande partie de la ville dans l'espace de trois jours. L'incendie fut si violent, que la mer en fut éclairée à une distance de près de trois lieues de la côte.

Mézomorto, à la vue de cette destruction et de la mort de tant d'hommes dont le sang coulait dans les rues, ne songea qu'à se venger. Il fit en conséquence massacrer inhumainement tous les Français qui se trouvaient dans la ville, et ordonna d'attacher le consul à la bouche d'un mortier, dont le premier coup l'emporta en lambeaux vers la flotte française. Cet acte d'atrocité irrita tellement l'amiral français, qu'il ne quitta Alger qu'après avoir détruit de fond en comble toutes les fortifications, la marine, la ville basse et les deux tiers de la ville haute; de sorte qu'il ne resta plus qu'un amas de décombres, un monceau de ruines.

En 1708, les Algériens reprirent Oran sur les Espagnols. Les Français, sous les ordres du comte de Mortemart, la reprirent en 1732; elle fut cédée par eux à l'empereur de Maroc en 1791, mais elle est rentrée depuis dans le domaine de la régence d'Alger.

En 1755, les Espagnols reprirent les projets de destruction si souvent infructueux. La nouvelle expédition ne réussit pas mieux que les précédentes. On en fit une autre en 1784, qui n'eut pas plus de succès; mais, au moyen d'une somme de neuf millions qu'on leur paya, les pirates consentirent à ne plus infester les côtes d'Espagne.

La dernière expédition qui se fit contre ces brigands

fut celle des Espagnols, commandés par l'amiral O'Reilly, en 1772, et qui échoua complètement.

La navigation de la Méditerranée offrit un peu plus de sécurité pendant les dernières années du dix-huitième siècle, et sous le commencement du dix-neuvième. Mais en 1814, à la chute de l'empire français, les Barbaresques recommencèrent la série de leurs brigandages; ils firent des descentes sur plusieurs points des côtes d'Espagne, de Sicile, d'Italie, dans différentes îles de la Méditerranée, dévastant les campagnes et emportant avec eux les habitans pour les vendre dans les bagnes d'Afrique.

D'aussi violens et criminels excès et brigandages soulevèrent d'indignation toute la chrétienté. Des plans indiquant les mesures à prendre pour détruire les pirateries furent présentés en grand nombre : des associations se formèrent dans ce but. Pendant un séjour à Paris, sir Sidney Smith, ami de l'humanité, établit la société des *anti-pirates*. Les tribunes de France et d'Angleterre retentirent de plaintes et de murmures : l'humanité outragée, la justice insultée, l'ordre violé, réclamaient des mesures vigoureuses, une réparation éclatante.

Des corsaires d'Alger et de Tripoli ayant osé attaquer le pavillon britannique, lord Maitland, à Tripoli, et lord Exmouth, à Alger, vinrent demander satisfaction de ces insultes. Ce dernier, n'ayant pas de forces suffisantes pour attaquer Alger, força cependant cette régence à signer un traité avec les états de Naples et de Sardaigne; mais, à l'abri de ces négociations, le Dey méditait de nouvelles excursions; il renforça son armée, équipa de nouveaux vaisseaux, et s'assura, sinon de la coopération, du moins de la neutralité de la Porte, du pacha d'Egypte et de l'empereur de Maroc.

Ces préparatifs terminés, le Dey fit arrêter le consul britannique, massacrer des Chrétiens à Oran; ses corsaires infestèrent les mers; les côtes d'Italie et de Sardaigne furent encore ravagées; ils brûlèrent plusieurs villages, et emmenèrent avec eux plus de deux cents habitans qu'ils réduisirent en esclavage. Ils attaquèrent trois à quatre cents barques de diverses nations, qui, sur la foi des traités, étaient occupées à la pêche du corail, près de Bonne. Un coup de canon fut, au lever du soleil, le signal de cette attaque aussi lâche que perfide. Les équipages, sans distinction de pavillon, furent massacrés ou conduits dans les déserts affreux de l'Afrique.

Il ne fallait pas moins que de pareils excès pour réveiller de leur léthargie apathique les puissances européennes, faire cesser leur indifférence criminelle, et provoquer une répression qui pût enfin en arrêter le cours. L'Angleterre se chargea de ce noble soin. Un armement considérable se prépara dans les ports de la Grande-Bretagne : le commandement en fut donné à lord Exmouth.

Dans ces entrefaites, le Dey s'empressa de faire réparer les fortifications, de monter de nouvelles batteries, et d'armer trente mille Maures et Arabes réunis à la milice turque.

Avant de donner les détails de l'expédition que les Anglais entreprirent en 1816, nous croyons devoir la faire précéder de quelques observations.

Au commencement du 19me. siècle, cette belle partie du globe que nous habitons renfermait quatre grands états principaux, lesquels entretenaient des armées de

4 ou 500,000, qu'ils lançaient les uns contre les autres, et qu'ils réunissaient quelquefois contre une seule.

Au nombre de ces états du premier ordre, il s'en trouvait quelques-uns dont la marine, plus nombreuse et plus forte que celle de toutes les autres nations réunies, avait envahi la souveraineté des mers, usurpé le commerce du monde et jeté sur les deux hémisphères les fondemens d'une monarchie, ou plutôt d'une oligarchie universelle. Ces nations, alors si puissantes, dont on a vu s'agrandir le colosse, en s'occupant d'elles-mêmes, ne parlaient jamais que des droits de l'humanité; le sort des nègres était surtout l'objet de leurs tendres soins, et leurs propres colonies ne furent pas plutôt en état de se passer du commerce des esclaves dont les autres avaient encore besoin, qu'elles déclamaient contre la traite des nègres avec beaucoup de véhémence; elles eurent le projet et la gloire de la faire abolir..

Cependant, à cette même époque où l'Europe entière était en armes, où ces puissances couvraient les mers de leurs invincibles vaisseaux, un ramas de Barbares, établi sur les bords de la Méditerranée, dans ce pays que les Romains appelaient *le jardin du monde*, et que nous avons replacé sous la protection des grands souvenirs de *Didon* et *d'Annibal* qui l'ont jadis illustré; un ramas de Barbares, disons-nous, Arabes, Turcs, Nègres, Mauritaniens, considérés sous le nom des *régences barbaresques*, infestait les mers de l'Europe, capturait, avec quelques barques mal armées, mal équipées, ses bâtimens de commerce au milieu de ses escadres de guerre, faisait des descentes sur ses côtes, et trafiquait de ses habitans qu'il enlevait et réduisait en esclavage.

Ces mêmes états chrétiens (dont le moindre avait des

forces de terre et de mer suffisantes pour réprimer les pirateries de ces forbans et pour les attaquer dans leur repaire) avaient la honteuse prudence de traiter avec eux et de racheter, à prix d'argent, leurs captifs; ils poussaient même la bassesse jusqu'à fournir à ces barbares les armes dont ils avaient besoin et dont ils se servaient pour les dépouiller, jusqu'à leur envoyer des ambassadeurs et à entretenir près d'eux des agens accrédités sous le nom de consuls.

Un grand monarque, ami de la véritable gloire, Louis XIV, vers le milieu du 17e. siècle, conçut le projet de délivrer l'Europe chrétienne du joug honteux qu'elle subissait; il fit sur le port et la ville d'Alger un utile essai des galiotes à bombes qui venaient d'être inventées dans son royaume; mais les Barbaresques avaient de trop puissans auxiliaires parmi leurs ennemis mêmes; et l'entreprise de Louis XIV, si noble dans son but, si utile dans ses résultats, échoua comme celle de Charles Quint, comme celle des chevaliers de Malte, contre les calculs bassement mercantiles d'une politique infâme.... Mais il ne doit être question ici que des pirates musulmans et des humiliations sans nombre et sans mesure qu'ils imposaient aux nations chrétiennes.

Ces pirates, dont la nation, ou plutôt l'agrégation, se composait d'indigènes nommés *K'baïls*, des Maures, anciens conquérans de l'Espagne, d'Arabes venus de l'Asie, de Juifs, de Turcs et de renégats, avaient établi le siége de leur brigandage maritime à Maroc, à Alger et à Tunis, sur la côte méridionale de la Méditerranée, qui s'étend du détroit de Gibraltar à la Lybie; montés sur de petites barques appelées *chebecs*, avec un équipage d'une centaine d'hommes et quelques mauvais canons, ils infestaient la Méditerranée et croisaient quelquefois dans l'océan Atlantique jusqu'aux Canaries ; quand le butin leur manquait en mer, ils effectuaient audacieusement des descentes sur quelque point des côtes de Sardaigne, d'Espagne ou d'Italie ; enlevaient les habitans de tout sexe et de tout âge, les entassaient dans leurs barques et les vendaient chez eux, comme de vils bestiaux, dans les marchés publics.

La nécessité de détruire ces forbans, la facilité d'y parvenir, furent reconnus dans le conseil de tous les Souverains ; mais il fallait agir en guerrier, on négocia en marchand ; les puissances européennes s'humilièrent devant les régences barbaresques, et les encouragèrent à faire de nouveaux esclaves en traitant de la rançon des captifs : encore sommes-nous forcés d'avouer, à la honte des gouvernemens sous lesquels ont vécu nos pères, que ce soin généreux fut long-temps abandonné au zèle et au dévouement de la plus sainte des institutions, de ces *Pères de la Merci* dont l'histoire reconnaissante doit conserver l'honorable souvenir.

On ne peut se figurer aujourd'hui le degré d'abjection auquel les cabinets européens s'étaient soumis, dans la personne des consuls qu'ils entretenaient dans les résidences de Maroc, d'Alger, de Tunis et de Tripoli : au moindre mécontentement du bey, ces chargés d'affaires des princes chrétiens étaient outragés, chassés, jetés dans les fers, et quelquefois même mis à mort.

Des mémoires du temps que nous avons sous les yeux, attestent que dans l'espace de douze années qu'ils renferment, le seul Dey d'Alger a *chassé* honteusement deux consuls d'Angleterre et deux consuls français ; que son ministre de la marine a *souffleté* un consul espagnol, et que lui-même *a mis à la chaîne* un consul de Danemarck et un consul de Hollande, laquelle insulte refletait sur leurs Souverains respectifs, attendu qu'ils étaient les seuls qui les représentaient dans ce pays-là, et par conséquent méritait d'être sévèrement punie ; pourtant aucune des nations auxquelles ces envoyés appartenaient n'a songé à tirer vengeance de semblables outrages ; cela n'a pas même dérangé l'état de paix. Nelson lui-même, avec une flotte de onze vaisseaux, a échoué dans l'entreprise de faire réintégrer le premier des deux consuls britanniques, qui avait été chassé.

On pourra se faire une idée du mépris que ces chefs de pirates avaient pour les princes chrétiens, par la manière dont ils s'exprimaient en parlant à leurs ambassadeurs : *Ta conduite me déplaît*, disait Achmet Pacha, dey d'Alger, à l'envoyé d'Angleterre ; *si tu continues, je te ferai brûler tout en vie dans le cimetière des Juifs avec de la fiente de chien.*

Venons au sort malheureux des esclaves chrétiens : le plus grand nombre était condamné aux travaux des bagnes, roué de coups de bâton pour la moindre faute ; et n'avait pour toute nourriture que du pain noir à peine mangeable, et de temps en temps un peu d'huile et des olives pourries ; les autres, loués ou vendus à des particuliers, étaient plus dégradés, mais en apparence moins malheureux.

La destinée des femmes qui tombaient aux mains de ces barbares était affreuse ; nous craignons d'ajouter que celle des jeunes garçons était plus déplorable encore. Aucun sentiment de respect que l'on doit en tout pays aux liens du mariage, à la faiblesse de l'âge, à la pudeur du sexe, à la différence des habitudes et des conditions, n'influait sur la conduite infâme de ces brigands éhontés avec leurs esclaves chrétiennes. Un seul fait historique (entre tant d'autres que nous pourrions encore citer) achèvera de faire connaître la barbarie de ces pirates africains et la lâcheté des nations européennes qui l'ont si long-temps soufferte.

A différentes époques, les corsaires d'Alger et de Tunis firent des descentes sur les côtes de la Sardaigne, et s'emparèrent des petites îles de *Saint-Pierre* et d'*Antioche*, d'où ils enlevaient les individus des deux sexes qu'ils pouvaient atteindre. Sous le règne de Hamoüda, bey de Tunis, quelques corsaires de ce pays prirent d'assaut l'île *Saint-Pierre*, et conduisirent à Tunis la totalité des habitans, au nombre de mille individus, la plupart enfans et femmes.

Parmi ces derniers se trouvait une dame sicilienne de la plus haute qualité, avec ses cinq filles. Cette belle et malheureuse femme échut en partage au *Kiahia de Porto-Farina*, premier ministre de la marine du Bey (1) : de ces jeunes personnes, moins distinguées encore par leur naissance que par leur beauté, leur innocence et leur éducation, l'une était mariée depuis quelques mois à un grand seigneur de la cour de Palerme, et deux autres étaient dans cet âge tendre où le désir de plaire n'est encore qu'un instinct vague et ne peut avoir d'objet. Les supplications, les prières, le désespoir de la plus tendre mère, l'offre de sa fortune entière pour rançon, ne purent sauver ces intéressantes victimes de l'amour brutal et fé-

---

(1) Le fond de cette anecdote est pris dans le *Nouveau Voyage à Tunis*, par Thomas Maggil, traduit de l'anglais par M***. On en trouve ailleurs les détails authentiques.

roce de leur abominable maître. La dignité de l'histoire ne nous permet pas de retracer ici les scènes révoltantes dont l'*harem* de ce brigand a été le théâtre ; bornons-nous à en faire connaître la catastrophe. Cette nouvelle Niobé, après avoir été le témoin du déshonneur de ses cinq filles, après en avoir vu expirer deux (1) dans les embrassemens de ce monstre, après avoir subi tous les outrages, après avoir épuisé tous les tourmens que puisse endurer le cœur sensible d'une mère, ne trouva de refuge contre le souvenir d'un pareil malheur que dans la mort violente qu'elle s'est donnée dans la maison du consul anglais, à qui le *Kiahia* en avait fait présent.

Telles étaient et telles sont encore ces hordes de Barbares que les Vandales jadis subjuguèrent si aisément, qu'une petite nation d'Italie a suffi pour détruire, et dont l'Europe civilisée a supporté l'affront, l'insolence et le brigandage pendant tant de siècles.

CHAPITRE IX.

De la Marche de la Flotte anglaise.

Le 15 Août, l'expédition anglaise, commandée par lord Exmouth, amiral en chef, appareilla de Gibraltar pour Alger ; trente-deux voiles s'y réunirent, et furent chargées de matières combustibles et de machines incendiaires. La flotte était en bonne santé et très-animée.

L'amiral des Pays-Bas, de Capellen, avec six frégates et un brick, demanda la permission de se réunir à Sa Seigneurie et l'obtint. Les deux escadres partirent en-

(1) L'une âgée de neuf ans et l'autre de dix.

semble avec leurs voiles enflées d'un vent favorable, et parurent devant Alger, nouveau théâtre de la guerre, le 27 Août 1816, vers une heure après midi.

La flotte anglaise consistait dans les vaisseaux suivans :

La Reine Charlotte, monté par l'amiral ; *l'Impre[illegible]ble*, par le contre-amiral Milne ; *le Minden*, de 74 ; *le Superbe*, de 74 ; *l'Albion*, de 74 ; *le Léandre*, de 50 ; *le Severn*, de 40 ; *le Glascow*, de 40 ; *le Groningue*, de 38 ; *l'Hèbre*, de 38 ; *la Mutine*, de 18 ; *le Héron*, de 18.

Les galiotes à bombes étaient : *le Béelzébuth*, *l'Hecla*, *la Furie* et *l'Infernale*.

Les bricks étaient : *le Britomart*, *le Satellite* et le schœner l'*Express*.

Le trajet de Gibraltar à Alger est d'environ quatre cents milles anglais ; on s'attendait à une action sanglante. La ville d'Alger s'élève en amphithéâtre, en sorte que les batteries commandent le port. La batterie du môle est surtout très-forte, et c'est contre cette batterie que devaient agir les vaisseaux à trois ponts.

La flotte anglaise se présenta en vue de cette ville, le 27 Août, vers une heure après midi, au nombre de trente-deux voiles.

Après avoir tenté inutilement la voie de négociation, l'amiral Exmouth fit embosser ses vaisseaux à demi-portée de canon, sous le feu des batteries du port de la rade. Lui-même se plaça à l'entrée du port, et tellement près des quais, que ses mâts touchaient les maisons ; ses batteries, prenant à revers toutes celles de l'intérieur du port, foudroyaient les canonniers d'Alger, qui restaient à découvert.

Le feu des Anglais se soutenait depuis plus de six heures,

et ne faisait qu'accroître la rage de l'ennemi, quand deux officiers demandèrent et obtinrent la permission d'aller, dans une embarcation, attacher une chemise soufrée à la première frégate algérienne, qui barrait l'entrée du port, et d'y mettre le feu. Cette détermination ferme, cette démarche hardie eut un plein succès. Un vent d'ouest, assez frais, mit bientôt le feu à toute l'escadre. Cinq frégates, quatre corvettes et trente chaloupes canonnières devinrent la proie et l'aliment des flammes ; l'arsenal et le port furent incendiés ; la ville souffrit moins ; cependant les bombes y firent un dégât considérable.

Les bâtimens anglais éprouvèrent des avaries très-fortes ; on évalue à mille hommes la perte totale. Une frégate algérienne, embrasée et poussée par les vents sur le vaisseau-amiral anglais, força celui-ci à couper ses câbles et à renoncer, pendant quelque temps, au combat. On fait monter à deux cents hommes la perte de l'équipage. Lord Exmouth, dit-on, fut blessé, et le capitaine d'une des frégates a été tué. Le Dey n'a pas cessé, la pipe à la bouche, pendant toute l'action, de parcourir les postes et d'exciter ses soldats à combattre jusqu'à la mort. Quelques-uns, en passant auprès de lui, baisaient les pans de ses habits, en lui témoignant le plus grand respect et dévouement.

Le 28, l'escadre anglaise était mouillée dans la grande rade, mais hors de portée. Le 29, un armistice fut conclu sur les bases que l'amiral avait d'abord proposées. En voici les principales conditions :

1°. La régence consent à reconnaître l'abolition de l'esclavage des Européens à Alger, et, par suite de ce principe, à remettre immédiatement en liberté tous les esclaves européens.

2°. En réparation des torts faits à Bonne et à Oran, la régence remettra à l'Angleterre les 370,000 piastres fortes, portées par les Napolitains à Alger.

3°. Les présens consulaires sont abolis; mais, comme ils sont d'usage en Orient, ils pourront être admis comme présens personnels, à l'arrivée de chaque consul, sans pouvoir jamais surpasser 500 livres sterlings.

4°. Le royaume des Pays-Bas, à raison de la part que l'escadre hollandaise a prise à l'expédition, jouira des mêmes priviléges que l'Angleterre.

5°. Il y aura un nouveau traité formel entre l'Angleterre et la régence d'Alger, auquel le royaume des Pays-Bas participera.

Il a été du reste stipulé que la régence conserverait le droit de faire la guerre aux diverses puissances européennes; mais que ceux de leurs sujets, qui tomberaient entre ses mains, ne seraient pas réduits en esclavage, mais traités comme prisonniers de guerre (1).

Ces nouvelles, transmises par les journaux et par une lettre du consul de France à Alger, ont été subordonnées au rapport officiel qui devait être fait par le lord Exmouth, sur son expédition, à l'amirauté anglaise, qui est à la suite de cet ouvrage.

On a fait courir depuis la copie d'une note officielle, remise par le lord Exmouth aux différens commandans de l'escadre anglaise, après le combat de la nuit du 27 Août, dans lequel les batteries d'Alger ont été entièrement détruites, les navires brûlés et environ sept mille Algériens tués. Les Anglais ont perdu environ neuf cents hommes,

(1) Le rapport officiel nous mettra à même de savoir si cette stipulation a eu lieu.

parmi lesquels on compte six capitaines de vaisseau. Lord Exmouth a été blessé au bras.

« Le commandant en chef se fait un devoir et un » plaisir d'annoncer l'heureuse issue de l'expédition péni- » ble de l'escadre anglaise, qui vient de se terminer par » la signature d'un traité de paix, dont les conditions ont » été dictées au nom du prince régent, et qui a été con- » firmée par un salut de vingt et un coups de canon. En » voici la substance :

« 1°. L'abolition pour toujours de l'esclavage des Chré- » tiens.

» 2°. La livraison au pavillon anglais de tous les esclaves » qui se trouvent sous la domination du Dey, de quelque » nation qu'ils soient, demain, avant l'heure de midi.

» 3°. La livraison au pavillon anglais de toutes les som- » mes d'argent qui ont été reçues par les Algériens pour » rédemption d'esclaves, depuis le commencement de » l'année. Cette livraison sera faite demain, avant midi.

» 4°. Pleine et entière réparation sera faite au consul » anglais pour toutes les pertes que lui aura occasionnées » sa détention.

» 5°. Le Dey d'Alger a fait publiquement cette répara- » tion, ses officiers et ses ministres présens, au consul » anglais, et lui a demandé pardon dans les termes qui lui » ont été dictés par le capitaine de *la Reine Charlotte*.

» Alger, 28 Août 1816. »

CHAPITRE X.

On attendait, comme nous l'avons déjà dit, le rapport qui devait être envoyé à l'amirauté d'Angleterre, par le lord Exmouth, sur l'expédition d'Alger. Le 15 Septembre, le capitaine Brisbane, du vaisseau du roi *la Reine Charlotte*, arriva avec les dépêches suivantes de l'amiral, adressées à John-Wilson Croker.

A bord de *la Reine Charlotte*.

Baie d'Alger, le 28 Août 1816.

« Monsieur, de tous les événemens d'une vie que j'ai consacrée tout entière au service de mon pays, aucun n'a produit sur moi une impression de joie et de gratitude semblable à celle que j'ai éprouvée hier. Ce sera toujours une source de plaisirs et de sentimens heureux pour un homme, que d'avoir été un des humbles instrumens employés par la Providence pour ramener à la raison un gouvernement barbare, et pour détruire à jamais l'horrible système de l'esclavage des Chrétiens. Pénétré de tels sentimens, j'offre à leurs seigneuries mes sincères félicitations sur le succès complet qui a suivi les vaillans efforts de la flotte de Sa Majesté dans l'attaque de la ville d'Alger, hier 27, et sur l'heureux résultat qu'il a produit aujourd'hui : la signature de la paix.

» Ainsi cette guerre légitime n'a duré que deux jours, pendant lesquels la plus brillante victoire l'a terminée par le renouvellement de la paix pour l'Angleterre et son allié le roi des Pays-Bas, sur les bases dictées par la sagesse et la fermeté du gouvernement de Sa Majesté, et imposées par des mesures pleines de vigueur.

» Je rends grace aux ministres de Sa Majesté pour l'honneur qu'ils m'ont fait et pour la confiance qu'ils m'ont témoignée en se reposant sur mon zèle dans une occasion si importante. Ils m'ont donné des moyens tels que je les avais souhaités, et la rapidité de leurs mesures parle en leur faveur. Il n'y a que cent jours que je quittai Alger, ignorant et ne soupçonnant pas même les atrocités qu'on venait de commettre à Bonne. La flotte que je ramenais avait été désarmée ; on en a créé et équipé une autre, dont la force était proportionnée aux événemens ; et, malgré les calmes et les vents contraires, elle a montré ce qu'était la vengeance d'un peuple insulté, en punissant les cruautés de ce gouvernement barbare avec une promptitude sans exemple, et qui honore grandement le caractère de la nation anglaise, nation qui ressent vivement les actions oppressives et féroces, surtout quand les victimes sont sous sa protection.

» Mais en remplissant cet objet, pourquoi le ciel n'a-t-il pas permis que je n'aie point à regretter la perte cruelle de beaucoup de braves, tant officiers que soldats ! L'armée a versé son sang avec profusion dans ce combat qui est particulièrement remarquable par des preuves d'un héroïsme et d'un dévouement tels qu'ils éveillent les plus nobles sentimens : oserai-je m'y livrer en les rapportant ?

» Leurs seigneuries ont déjà été informées, par le vaisseau de Sa Majesté *le Jaspar*, de ce qui m'était arrivé jusqu'au 14 de ce mois, jour auquel je partis de Gibraltar, après y avoir été retenu malheureusement, par un vent contraire, pendant quatre jours.

» La flotte, à laquelle il ne manquait rien, partit de Gibraltar dans le meilleur esprit ; elle était augmentée de cinq bâtimens équipés dans ce port. Nous étions dans les circonstances les plus favorables, et nous croyions parvenir à notre destination en trois jours ; mais un vent contraire détruisit tout espoir d'une prompte arrivée. Ce contretemps ne fut ressenti par personne avec plus d'inquiétude que par moi-même, parce que le jour où je quittai Gibraltar, j'avais appris que l'ennemi rassemblait une nombreuse armée, et ajoutait un grand nombre d'ouvrages, non seulement des deux côtés de la ville, mais aussi auprès de l'extrémité du môle. Cette information me faisait craindre que le Dey n'eût découvert mon intention de faire de ce poste le principal point de mon attaque, par les mêmes moyens qui lui avaient donné connaissance de l'expédition. Elle fut confirmée la nuit suivante par *le Prométhée*, que j'avais envoyé à Alger, quelque temps auparavant, pour favoriser l'évasion du consul. Le capitaine Dashwood a réussi avec beaucoup de difficultés à faire échapper sa femme et sa fille déguisées en sous-officiers. Il avait laissé un bateau pour prendre le fils, encore enfant, que le chirurgien apportait dans un panier; mais quoiqu'on eût eu soin de tranquilliser cet enfant, il se mit malheureusement à crier sous la porte, et le chirurgien, trois sous-officiers et d'autres personnes, en tout dix-huit, furent pris et mis dans la prison ordinaire des esclaves. L'enfant fut envoyé au vaisseau, le lendemain matin, par le Dey, et c'est une preuve unique de son humanité que je dois rappeler.

» Le capitaine Dashwood me confirma la nouvelle de l'arrivée à Alger de plus de quarante mille hommes venus de l'intérieur des terres, et celle de tous les janissaires des diverses garnisons. Tous ces hommes étaient employés sans relâche sur les batteries, sur les vaisseaux, etc., etc.; un grand nombre était occupé à augmenter les fortifications du côté de la mer.

» Le Dey a dit au capitaine Dashwood, qu'il savait très-bien que l'armement était destiné contre lui, et il lui demanda si c'était vrai. M. Dashwood répliqua que s'il avait de semblables informations, il savait la chose aussi bien que lui, et probablement par les mêmes voies, c'est-à-dire par les journaux.

» Tous les vaisseaux étaient dans le port ; il y avait environ quarante ou cinquante petits bâtimens armés de canons et de mortiers, et on en réparait plusieurs autres. Le Dey avait enfin fait renfermer le consul ; il avait refusé de le rendre ou même de promettre que sa vie serait en sûreté ; il ne voulait pas non plus faire la moindre promesse relative aux officiers et aux matelots pris dans les canots du *Prométhée*.

» Les vents contraires, qui ne cessèrent pas, ne nous permirent d'arriver à l'ouest d'Alger que le 26, et le lendemain, à la pointe du jour, la flotte était en vue de la ville, mais pas aussi près que je le désirais. Les vaisseaux étaient retenus par le calme ; je saisis cette occasion pour envoyer au Dey d'Alger un parlementaire sous la protection du *Severn ;* il portait les demandes que j'avais à lui faire, et j'en joins ici une copie. L'officier avait ordre d'attendre la réponse du Dey pendant deux ou trois heures, et de revenir à l'amiral, si elle n'était pas arrivée au bout de ce temps. Il rencontra près du môle le capitaine du port, auquel il dit qu'on attendait une réponse dans une heure ; cet officier repartit qu'il était impossible d'en rapporter une au bout d'un temps aussi court ; le nôtre lui dit donc qu'il attendrait deux ou trois heures ; le capitaine répondit que deux heures suffisaient.

» Pendant ce temps, la flotte, favorisée par une brise de mer qui s'éleva, entra dans la baie et prépara pour le service les canots et la flotille jusqu'à environ deux heures. J'observais alors que mon parlementaire revenait et faisait le signal qu'il n'avait pas reçu de réponse, après avoir attendu plus de trois heures. Je fis immédiatement un signal pour savoir si tous les vaisseaux étaient prêts ; on y répondit affirmativement, et *la Reine Charlotte*, suivie de toute la flotte, se porta sur les positions dont on était convenu. Selon l'ordre prescrit, le pavillon qui conduisait jeta l'ancre à la pointe du môle, à près de cinquante verges. Dans ce moment, on n'avait point encore tiré un coup de canon, et je commençai à croire que le Dey se soumettait aux conditions qu'on lui avait remises depuis plusieurs heures ; mais à ce profond silence succéda le bruit d'un coup de canon que nous tira le môle, et de deux autres qu'il tira sur les vaisseaux qui nous suivaient au nord. *La Reine Charlotte* riposta promptement.

» On n'a jamais vu, je crois, un feu aussi animé et aussi bien soutenu que celui qui commença alors, et qui dura, depuis trois heures moins un quart, jusqu'à neuf heures : il ne cessa entièrement qu'à minuit et demi passé.

» Les vaisseaux qui me suivaient prenaient leurs positions avec une tranquillité admirable et une précision qui surpassait mes espérances. Dans quelque occasion que ce soit, jamais le pavillon anglais n'a été porté avec plus d'honneur et de zèle. Il m'était tout à fait impossible de voir sur toute la ligne ; mais j'avais tant de confiance dans les vaillans officiers que j'ai l'honneur de commander, que mon esprit était parfaitement libre de penser aux autres objets, et je ne sus qu'ils arrivaient à leurs positions que par l'effet destructif de leur feu sur les batteries qui leur étaient opposées.

» J'eus, à peu près en ce moment, la satisfaction de voir le vice-amiral Van der Capellen dans la position que je lui avais assignée, et bien peu de temps après, le reste de ses frégates ouvrit un feu bien soutenu sur les batteries des flancs, car le manque de place ne m'avait pas permis de les envoyer vers la terre du môle.

» Au coucher du soleil, je reçus un message du contre-amiral Milne, qui me faisait connaître les pertes cruelles de *l'Imprenable*, qui avait cent cinquante tués ou blessés, et me priait de lui envoyer, s'il était possible, une frégate pour détourner un peu le feu auquel il était exposé.

» *Le Glascow*, qui était près de moi, leva l'ancre immédiatement; mais la canonnade ayant changé le vent, il fut obligé de la jeter de nouveau dans une position un peu meilleure que celle qu'il avait auparavant.

» J'avais envoyé M. Reade, capitaine du génie, porter l'ordre au brûlot, sous le commandement du lieutenant Fleming et de M. Parker, de se diriger sur le môle. Mais le contre-amiral pensant qu'il rendrait un service plus essentiel, si l'explosion se faisait sous le front de la batterie, j'envoyai à ce bâtiment un nouvel ordre, qui a été exécuté. Je fis savoir aussi au contre-amiral que plusieurs des ennemis étant déjà la proie des flammes, et la destruction de la flotte entière étant assurée, j'avais rempli le principal objet de ma mission, et qu'ainsi je me préparais à faire retirer les vaisseaux, ce que je désirais qu'il fît aussi promptement que possible avec sa division.

» Il y eut pendant le combat de terribles momens, que je ne tenterai point de décrire, produits par les vaisseaux qui brûlaient si près de nous. Je résistai long-temps aux prières de diverses personnes qui m'entouraient; elles voulaient attaquer une frégate qui était à cent verges de nous; je le permis enfin, et le major Gosset, qui avait tant désiré de faire débarquer son corps de mineurs, me pressa instamment de lui permettre d'accompagner le lieutenant Richard dans la grande chaloupe du vaisseau. La frégate fut abordée dans l'instant, et au bout de dix minutes, elle était en feu. Un jeune sous-officier très-vaillant, sur la chaloupe à fusées à la congrève, n°. 8, fut entraîné par son ardeur à aider la grande chaloupe, quoiqu'il n'eût pas été commandé : il fut cruellement blessé; son frère, officier, a été tué avec neuf hommes de son équipage. La grande chaloupe, qui marchait plus rapidement, souffrit moins, et ne perdit que deux hommes.

» A dix heures, les batteries ennemies qui environnaient ma division étaient réduites au silence et totalement détruites. Les vaisseaux ménageaient leur feu autant que possible, pour épargner la poudre; ils ne répondaient qu'à quelques coups qu'on nous tirait de moment à autre. Il y avait cependant sur l'angle le plus élevé de la ville un fort qui était hors de notre portée, et qui ne cessa de nous incommoder pendant tout le temps de l'attaque.

» Je souhaitais en ce moment le vent de terre qui est commun dans cette baie toutes les nuits : mon attente ne fut point déçue. Tous les bras furent employés à touer les vaisseaux, et, à l'aide de la brise de terre, nous parvînmes, à deux heures du matin, à jeter l'ancre hors de la portée des boulets, après avoir travaillé à toutes les manœuvres pendant douze heures sans interruption.

» Les petits bâtimens qui portaient des mortiers, des canons et des fusées à la congrève, ont pris part, autant que possible, à l'honneur de la journée; ils ont été d'un grand service : ce sont eux qui mirent le feu à tous les vaisseaux qui étaient dans le port, excepté à la frégate dont j'ai parlé. Les flammes s'étendirent rapidement à tout l'arsenal, aux magasins, à la flotille, ce qui nous donna un spectacle d'une grandeur effrayante, et que la plume ne peut décrire.

» Les sloops de guerre qui avaient été préparés pour aider les vaisseaux de ligne, ne se contentèrent pas de s'acquitter très-bien de ce devoir ; ils ne manquèrent pas une occasion de faire feu dans les momens où ils n'étaient point occupés, et ils ne restèrent pas dans l'inaction.

» Les bombes ont été supérieurement bien lancées par l'artillerie royale de la marine, et quoiqu'on fût obligé de les lancer par dessus les grands bâtimens, il n'est arrivé, à ce que je crois, aucun accident.

» Tout se fit dans un profond silence, et je n'ai entendu aucun cri dans toute la ligne; on verra pendant plusieurs années que les pièces étaient bien servies et bien pointées, et ces Barbares s'en ressouviendront toujours.

» La manière dont les maîtres de bâtiment ont conduit leurs vaisseaux à leur position respective a été admirée par toute la flotte : le premier d'entr'eux est mon compagnon d'armes depuis plus de vingt ans.

» Ayant ainsi donné des détails, quoique imparfaits, sur ce court service, j'espère que ceux relatifs à mes officiers, à moi-même, et à tous les hommes que j'ai l'honneur de commander, seront reçus par S. A. R. le prince régent avec sa grace accoutumée. L'approbation de nos services par notre souverain, et l'estime de notre pays, seront, j'ose vous l'assurer, reçus par nous avec la plus haute satisfaction.

» Si j'essayais de nommer à vos seigneuries les nombreux officiers qui, dans un tel combat, se sont à différens momens plus distingués que leurs camarades, je pourrais être injuste envers plusieurs, et je désire qu'il n'y ait pas un officier sur la flotte que j'ai l'honneur de commander, qui doute de la reconnaissance que j'aurai toujours pour ses services qui n'ont point eu de bornes; aucun officier, aucun simple matelot ou soldat ne s'est renfermé dans les strictes limites de son devoir; tous se sont empressés de faire le service le plus difficile, et j'ai eu plus de peine à les retenir qu'à les exciter. Cette disposition a surtout été remarquable dans mon capitaine de bord et dans les officiers qui étaient auprès de ma personne. Je dois donc de la reconnaissance et des remercîmens à tous ceux que je commandais, aussi bien qu'au vice-amiral Van der Capellen et aux officiers de l'escadre de S. M. le roi des Pays-Bas, et je désire qu'ils sachent que le souvenir de leurs services ne cessera qu'avec ma vie. Dans aucune occasion je n'ai vu plus d'énergie et de zèle; depuis le plus jeune des matelots jusqu'aux grades les plus élevés, tous semblaient animés par un seul esprit, et c'est avec un grand plaisir que j'en rends témoignage à leurs seigneuries, de quelque peu de poids que puisse être ce témoignage.

» J'ai confié les dépêches au contre-amiral Milne, mon second dans le commandement, de qui j'ai reçu, pendant tout le service, l'appui le plus cordial et le plus honorable. Il est parfaitement informé de tout ce qu'a fait la flotte depuis le commencement de mon commandement, et il peut donner à leurs seigneuries des explications sur tous les points que j'aurai oublié ou que je n'ai pas eu le temps de détailler : je crois avoir obtenu son estime, et je regrette de n'avoir pas été connu plus tôt de lui.

» Les papiers nécessaires, ainsi que les pertes des vaisseaux, et les états des hommes tués et blessés, sont joints à ces dépêches. C'est avec plaisir que j'annonce que les capitaines Exins et Cood vont bien, ainsi que tous les blessés. D'après des nouvelles du rivage, j'apprends que l'ennemi a eu six à sept mille hommes tués ou blessés.

» Les magasins et l'arsenal, avec tout le bois et les différens articles de marine, ont été détruits en partie, y compris un grand nombre de trains et d'affûts, de tonneaux, etc. »

Lettre à Son Altesse le Dey d'Alger (1).

Le 28 Août.

SIRE,

La flotte sous mon ordre a fait hier un châtiment signalé, par l'ordre du prince régent d'Angleterre, des atrocités commises par vous, à Bonne, sur des Chrétiens sans défense, et du mépris que vous avez fait des demandes que je vous avais présentées. Ce châtiment a été la destruction totale de votre marine, de vos magasins, de l'arsenal et de la moitié de vos batteries.

Comme l'Angleterre ne fait pas la guerre pour détruire des villes, je ne veux pas venger vos cruautés personnelles sur les habitans innocens de ce pays, et je vous offre en conséquence les mêmes conditions de paix que je vous ai adressées hier au nom de mon souverain. Si vous n'acceptez pas ces conditions, il n'y a pas de paix pour vous avec l'Angleterre.

Si vous acceptez cette offre, comme vous le devez, vous ferez tirer trois coups de canon; si je n'entends pas le signal, je considérerai cela comme un refus de votre part, et je recommencerai mes opérations quand je le jugerai convenable. Je vous offre ces conditions pourvu que, ni le consul anglais ni les officiers et matelots, si méchamment enlevés des bateaux d'un vaisseau de guerre

(1) Il se nomma Osmar Dashiaw.

anglais, n'aient éprouvé aucun traitement cruel, non plus qu'aucun des esclaves chrétiens qui sont en votre pouvoir; et je persévère à demander que le consul, les officiers et matelots me soient remis, conformément aux anciens traités.

Signé EXMOUTH.

Suit l'ordre général du 30 Août que nous avons fait connaître dans le chapitre précédent.

Lettre à M. G. Wilson Croker.

Baie d'Alger, le 1er. Septembre.

Monsieur, j'ai l'honneur de vous annoncer, pour l'information de leurs seigneuries, que j'ai envoyé le capitaine Brisbane avec des duplicata de ma dépêche, craignant que l'amiral Milne, envoyé avec les originaux sur *le Léandre*, ne fasse un voyage long, le vent étant tourné à l'ouest peu d'heures après son départ. Le capitaine Brisbane, à qui je dois beaucoup pour l'assistance que j'en ai reçue, pourra donner à leurs seigneuries des informations sur tous les points que j'aurai omis. L'amiral sir Charles Penrose est arrivé trop tard pour prendre part à l'attaque contre Alger; ce que je regrette beaucoup: ses services eussent été désirables sous tous les rapports.

J'ai la satisfaction d'annoncer que tous les esclaves qui étaient à Alger et dans le voisinage de la ville sont embarqués, comme aussi 357,000 dollars, pour Naples, et 25,300 pour la Sardaigne. Les traités seront signés demain, et j'espère pouvoir mettre à la voile dans un jour ou deux.

Le Minden est parti pour Gibraltar, afin d'y être répayé ; il se rendra ensuite à sa destination ultérieure. *L'Albion* sera réparé à Gibraltar et recevra le pavillon de sir Charles Penrose. Je serai obligé d'emmener *le Glascow* avec moi en Angleterre.

EXMOUTH.

Voici maintenant un extrait de l'état des pertes de la flotte anglaise, qui accompagnait les autres dépêches du lord Exmouth.

La Reine Charlotte, commandée par lord Exmouth, qui avait James Brisbane pour capitaine de bord, eut sept matelots tués et un soldat de marine ; mais quatorze de ses officiers, quatre-vingt-deux matelots, vingt-quatre soldats de marine, deux canonniers, cinq sapeurs et mineurs et quatre mousses furent blessés ; en tout, cent trente-un blessés et huit tués.

Sur *l'Imprenable,* commandé par le contre-amiral Milne et par le capitaine Ed. Bruce, il y a eu un officier, trente-sept matelots, dix soldats et deux mousses tués ; deux officiers, cent onze matelots, vingt-un soldats, neuf sapeurs et mineurs et dix-sept mousses ont été blessés : en tout, cinquante tués et cent soixante blessés. La perte de ce vaisseau monte à près du quart de la perte totale.

Le Superbe souffrit aussi beaucoup : sur ce vaisseau, commandé par le capitaine Charles Ekins, deux officiers, trois matelots, deux soldats et un des artificiers à la congrève ont été tués ; six officiers, soixante-deux matelots, quatorze soldats et deux canonniers ont été blessés : en tout, huit tués et quatre-vingt-quatre blessés.

La perte des autres vaisseaux a été beaucoup moindre ; les sloops de guerre n'ont même perdu personne, à l'exception de *l'Infernal* sur lequel il y a eu un officier et un matelot tués, et dix-sept hommes blessés, dont six officiers.

Sur la flotille, il n'y a eu que cinquante-cinq hommes tués ou blessés.

L'escadre hollandaise n'a perdu que treize hommes, et n'en a eu que cinquante-deux de blessés.

Au total, les Anglais ont eu cent vingt-huit tués, dont quinze officiers, et six cent quatre-vingt-dix sur la flotte ; de sorte que la perte entière est de huit cent quatre-vingt-trois hommes sur les deux flottes, et cinquante-cinq sur la flotille.

L'amiral Exmouth a aussi donné la note suivante de ce qui avait été détruit dans le môle d'Alger :

Quatre grandes frégates de 44 canons ;

Cinq grandes corvettes de 24 à 30 ;

Toutes les chaloupes canonnières et bombardes, excepté sept, ont été détruites ;

Plusieurs bricks et schooners marchands ;

Un grand nombre de petits bâtimens de toute espèce ;

Tous les pontons, les magasins, l'arsenal, avec tous les bois de construction et divers matériaux pour la marine, ont été détruits en grande partie, ainsi qu'un grand nombre d'affûts de canon et de mortier, etc.

Pendant la glorieuse action devant Alger, lord Exmouth et le capitaine Brisbane causaient ensemble ; tout à coup ce dernier, atteint d'une balle morte, fut renversé par terre. Lord Exmouth appelle aussitôt le premier lieutenant, et s'écrie : *Pauvre Brisbane ! c'en est fait de lui ! Prenez le commandement.* — Le capitaine se releva, et restant assis par terre, dit avec le plus grand sang-froid : *Pas encore, Milord ;* et un moment après, il reprit le commandement, comme s'il ne lui était rien arrivé.

Les dépêches du vice-amiral hollandais Van der Capellen sont conformes à celles de l'amiral anglais Exmouth ; nous en citerons quelques passages.

« Notre escadre, dit le vice-amiral Van der Capellen, de même que les forces britanniques, semblaient être inspirées par le dévouement de notre valeureux chef pour la cause de l'humanité entière : la tranquillité et l'ordre avec lesquels il a été répondu au feu effroyable des batteries, si près des épaisses murailles d'Alger, sont aussi difficiles à décrire que l'héroïsme et les sacrifices personnels de chacun en général, et la grandeur d'ame de lord Exmouth en particulier, dans cette mémorable journée. La destruction de près de la moitié d'Alger, et le soir, à huit heures, l'incendie de toute la marine algérienne, en ont été le résultat.

» Lord Exmouth resta jusqu'à neuf heures avec la *Qeen Charlotte* dans la même position, au milieu du feu, excitant par là tout le monde à ne point abandonner l'ouvrage commencé avant qu'il fût achevé complètement, déployant sans cesse une persévérance telle, que tout le monde en était animé, et que le feu des vaisseaux contre celui d'un ennemi courageux et désespéré semblait redoubler.

» Peu après la *Qeen Charlotte* se trouvant dans le plus grand danger par l'explosion des débris enflammés, nous n'avions d'inquiétude, au milieu du feu le plus violent, que pour la sûreté de notre noble chef; lui ayant alors offert le secours de toutes les chaloupes de l'escadre, il répondit qu'ayant tout calculé, nous ne devions nullement nous inquiéter de sa sûreté ; mais qu'il fallait uniquement redoubler de zèle pour l'exécution de ses ordres, et continuer le feu à son exemple.

» Sa Seigneurie ayant consommé la destruction dans le môle, donna enfin l'ordre, vers les neuf heures et demie, de se retirer hors de la portée du feu de l'ennemi, à quoi je craignais, ainsi que tous les autres, d'obéir, avant que la *Qeen Charlotte* fût en sûreté contre les vaisseaux enflammés.

» Dans cette retraite qui, par le calme et les dommages essuyés dans les agrès, se fit très-lentement, les vaisseaux eurent encore beaucoup à souffrir d'un redoublement de feu, ouvert de nouveau par les batteries ennemies.

» Le vent de terre, sur lequel lord Exmouth avait compté, s'étant enfin levé, la flotte vint à l'ancre, à minuit, au milieu de la baie.

» La *Qeen Charlotte* passant devant *le Mélampus* (1) sous le feu des batteries, Sa Seigneurie désira me voir aussitôt pour me récompenser pleinement; en me pressant la main de la manière la plus cordiale, elle me dit : *Je n'ai pas perdu de vue mes amis des Pays-Bas; ils ont fait leur devoir comme les miens pour la gloire de la journée.*

» Notre perte est sans doute légère, pour des vaisseaux qui ont été huit heures au feu, comparativement à celle des vaisseaux anglais; nous avons été moins heureux dans les dommages en agrès, mâtures, etc., etc.... »

Tel est le récit que nous ont donné les deux amiraux touchant cette mémorable journée; il porte avec lui tous les caractères d'un récit fidèle et impartial; on y remarque avec plaisir la naïveté, la simplicité, la modestie, la modération, la générosité, la noblesse et la grandeur d'ame de ces deux grands hommes; de manière que tout porte à

(1) Vaisseau monté par le vice-amiral hollandais.

croire que le récit qu'ils nous ont donné de cette action brillante, opiniâtre et sanglante, est vrai et authentique.

On voit, dans le récit que l'amiral anglais nous donne ici, toutes les marques de la vérité; dans la manière dont il parle des autres et de lui-même, on remarque tous les traits, tous les signes d'un grand homme; cette modestie, cette candeur, cette loyauté, cette magnanimité, et enfin toutes ces grandes vertus et sublimes qualités qui distinguent si éminemment et caractérisent si particulièrement un grand homme, un beau génie, un personnage vraiment courageux; on n'entend pas cette fanfaronnade, cette gasconnade, cette prétention, cette suffisance, cet esprit d'orgueil et d'envie qui se font voir, se laissent entrevoir dans un petit esprit, qui sont l'apanage d'une ame basse et servile, qui sont les sûres et infaillibles marques d'un poltron, d'un lâche, signes qui annoncent l'absence de l'héroïsme et de la vertu. On admire en lui ce sang-froid, ce calme, cette imperturbabilité, cette modération, indices certains, signes non équivoques d'un homme de mérite et de talent; on ne trouve pas dans ce récit cette jactance, cette vanité, cette présomption, cette partialité que l'on rencontre si souvent dans de pareils récits; tout y respire au contraire la grandeur de caractère, la bonté d'ame, la générosité du cœur, la noblesse d'esprit, l'élévation du sentiment, qui rendent justice à tout le monde, qui ne cherchent à se faire une réputation aux dépens des autres, en sacrifiant celle de ses inférieurs, en cachant les mérites et les exploits de ses compagnons d'armes, en rapportant tout à soi; on n'y remarque pas enfin cet éternel *moi* qui dégoûte et ennuie, et que l'on rencontre si souvent dans les dépêches des autres chefs militaires, et qui ne servent qu'à les déshonorer aux yeux de leurs contemporains et à ceux de la postérité !

Un journal anglais, en parlant de l'expédition d'Alger, fait les réflexions suivantes :

« Plus nous considérons la dernière victoire sur Alger, plus nous sommes portés à la ranger parmi nos expéditions navales les plus brillantes. En la comparant à nos autres grandes victoires, si nous considérons le nombre des hommes qui furent employés dans toutes, la perte en tués et en blessés, dans cette dernière, excède la proportion gardée dans quelques-unes d'entre elles.

» Quelques personnes paraissent cependant ne pas vouloir mettre cette victoire sur des pirates au premier rang des expéditions navales des Anglais ; il est vrai que leur population et leurs ressources ne peuvent se comparer à celles d'une puissance européenne, mais il faut considérer la manière dont ils étaient préparés ; il faut observer que toutes leurs forces étaient concentrées sur un point unique, sur Alger seul dont la position est très-favorable à une défense militaire. Ajoutez à cela qu'ils avaient un grand nombre d'Européens renégats très-habiles, très-expérimentés et très-adroits parmi eux, qui avaient de grands intérêts à soutenir la cause de leurs nouveaux maîtres.

» Cette ville, qui contient plus de quatre-vingt-dix mille ames, s'élève au-dessus de la mer en amphithéâtre ; les batteries sont construites les unes au-dessus des autres : elles sont solidement fortifiées. Une langue de terre qui s'avance à l'ouest protége l'entrée et une partie de l'intérieur du port, et en défend les approches. Cette pointe était hérissée de batteries formidables, sous le feu desquelles les vaisseaux devaient passer pour prendre position auprès de la ville ; et pour pouvoir la bombarder, il a fallu longer cette ligne tout entière. *L'Imprenable*, qu'elle enfermait, était exposé non seulement aux batteries qu'elle porte, mais encore à celles qui s'élèvent derrière elle. Cela peut faire concevoir la perte énorme qu'il a soufferte.

» A une certaine distance derrière ce vaisseau, parallèlement à la langue de terre, étaient rangés les bâtimens portant les mortiers et les fusées à la congrève, et disposés de manière qu'ils pouvaient aisément les lancer, non seulement sur les batteries de front, mais aussi sur celles de derrière.

» Pendant qu'on longeait la pointe pour prendre position, l'ennemi ne tira pas un coup, soit qu'il ne crût pas que la flotte anglaise se hasardât aussi près de la ville, soit qu'il désirât la laisser approcher autant que possible pour rendre son feu plus terrible et plus destructif.

» *La Reine Charlotte* prit position à l'extrémité de cette langue, de sorte qu'elle enfilait toute la ligne des batteries; elle était si près qu'on voyait et qu'on entendait distinctement toutes les personnes qui étaient sur le rivage (1). Le vaisseau de la flotte algérienne le plus avancé était un brick, auquel *la Reine Charlotte* s'est amarrée; un peu

---

(1) Cet endroit était couvert de plus de trois mille spectateurs qui restaient là regardant la flotte anglaise, et ne paraissant pas s'attendre à la terrible canonnade qui allait s'engager. Lord Exmouth, debout sur la poupe, leur fit signe de se retirer; ils étaient en si grand nombre qu'ils ne l'auraient fait qu'avec peine; mais ils ne parurent pas comprendre les signes de l'amiral. Aussi la première bordée en emporta de cinq cent à mille; ensuite la fumée empêcha de voir ce qu'ils devinrent. Mais on peut se figurer aisément quel désordre se mit dans cette foule qui chercha son salut dans une fuite qui ne l'empêcha pas d'être la victime d'une telle irruption.

plus loin, dans le port, il y avait deux frégates, derrière lesquelles s'étendait le reste de la flotte. On sait combien le bombardement fut terrible : il dura depuis trois heures jusqu'à onze.

» Pendant tout ce temps, les Algériens combattirent en désespérés, comme des enragés, mais avec beaucoup d'habileté, d'adresse et d'effet, ce qui prouve évidemment qu'il se trouvait parmi eux des étrangers parfaitement instruits dans l'art de la guerre défensive et offensive. Vers les dix heures on jugea convenable de se porter au large pour la nuit, afin d'éviter l'action des batteries qui auraient joué avec un très-grand avantage sur eux pendant les ténèbres. Il faisait très-obscur; mais les ténèbres étaient illuminées, si l'on peut s'exprimer ainsi, par un violent orage accompagné d'éclairs, qui s'éleva soudain, et par le feu continuel des batteries. Aucun spectacle ne peut être à la fois plus sublime, plus effrayant et plus triste. Enfin, à onze heures et demie passées, une brise de terre poussa la flotte anglaise hors de la portée des batteries ennemies. »

Voilà, je crois, des raisons suffisantes pour nous justifier, et pour compter cette victoire parmi les exploits les plus brillans de la marine anglaise. C'étaient des pirates, à la vérité, mais des pirates qui s'étaient constitués en forme de gouvernement, qui avaient de grands moyens, une bravoure obstinée, un caractère inflexible, un talent guerrier, une hardiesse rare et une habileté absolument européenne à manier le canon et les autres armes militaires. D'ailleurs, lorsqu'un petit état concentre toutes ses forces dans un seul poste, d'où il a long-temps bravé et pillé les nations les plus puissantes, sûrement, sous le point de vue militaire, la destruction de ce poste vaut la plus grande victoire, et il doit ajouter à cette renommée qui donne à l'homme d'état le pouvoir de commander sans être obligé de frapper. La réputation d'un officier ne dépend pas des forces de l'état en général, mais de la force particulière dont il a triomphé. Appliquons ce principe à l'expédition d'Alger ; comparons un triple rang de batteries, qui s'élève à fleur d'eau, avec les frêles matériaux qui leur furent opposés ; alors cette victoire, considérée sous son véritable point de vue, ne méritera pas moins d'admiration que celles qui ont triomphé des plus puissans ennemis.

Du reste, l'on a toujours trop déprécié l'habileté et l'adresse des Algériens dans l'artillerie et le maniement des armes en général, et l'on sera surpris d'apprendre que la dernière action est la plus sanglante que l'on ait livrée depuis ces derniers temps, si l'on compare la perte avec le nombre des combattans.

Dans l'action du 1er. Juin 1793, il y avait vingt-six voiles de ligne, y compris l'*Audacious*, portant dix-sept mille hommes : il y en eut deux cent quatre-vingt-un de tués, et sept cent quatre-vingt-dix-sept de blessés ; total, mille soixante-dix-huit.

Dans l'action de lord Bridport, le 23 Juin 1795, il y avait quatorze voiles portant dix mille hommes : il n'y en eut que quarante-un de tués et cent treize de blessés ; total, cent cinquante-quatre.

Dans l'action devant le cap Saint-Vincent, il y avait quinze voiles de ligne portant dix mille hommes : il y en eut soixante-treize de tués et deux cent vingt-sept de blessés ; total, trois cent.

Dans l'action de lord Duncan, le 11 Octobre 1797, il y avait seize voiles de ligne, dont deux de soixante, portant huit mille hommes : il y eut cent quatre-vingt-onze tués et cinq cent soixante blessés; total, sept cent cinquante-un.

A la bataille du Nil, le 1er. Août 1798, il y avait quatorze voiles de ligne avec huit mille hommes : il y eut deux cent dix-huit tués et six cent soixante-dix-sept blessés; total, huit cent quatre-vingt-quinze.

Dans l'attaque de Copenhague par lord Nelson, le 2 Avril 1801, il y avait onze voiles de ligne et cinq frégates portant six mille hommes : il y eut deux cent trente-quatre tués et six cent quarante-un blessés; total, huit cent soixante-quinze.

A la bataille de Trafalgar, le 21 Octobre 1805, il y avait vingt-sept voiles de ligne portant dix-sept mille hommes : il y eut quatre cent douze tués et mille cent douze blessés; total, mille cinq cent vingt-quatre.

A l'attaque d'Alger, il paraît y avoir eu cinq voiles de ligne et cinq frégates dont l'équipage peut monter à cinq mille hommes : il y a eu cent vingt-huit tués et six cent quatre-vingt-dix-neuf blessés; total, huit cent dix-huit.

Si l'on y ajoute les frégates des Pays-Bas, dont les équipages peuvent être comptés pour mille cinq cents hommes dont il y eut treize tués et trente-deux blessés, le total sera de six mille cinq cents hommes, cent quarante-un tués et sept cent vingt-deux blessés; total, huit cent soixante-trois hommes.

On verra en conséquence que la proportion des tués et des blessés dans cette affaire excède celle de toutes les premières victoires navales des Anglais. Les états des premières pertes que nous avons cités sont corrects; car ils ont été pris dans une publication faite en 1806.

CHAPITRE XI.

Dans le chapitre IX nous avons annoncé que le Dey d'Alger avait fait réparation au consul anglais. Voici maintenant comment cette réparation eut lieu : Le capitaine Brisbane informa le Dey que lord Exmouth demandait satisfaction pour les insultes faites au consul britannique et à la nation anglaise. Le Dey répondit qu'il y consentait, et il demanda ce qu'on exigeait. Le capitaine répliqua : *Êtes-vous fâché au dernier point des mesures violentes que, dans le premier mouvement, vous avez adoptées à l'égard du consul, et lui en demanderez-vous pardon?* Le Dey répondit : *Oui, je suis prêt à le faire.* Alors il ordonna au Dey de se tourner vers le consul et de lui demander pardon, ce qu'il fit en présence de tous ses ministres.

Nous allons maintenant rassembler quelques particularités sur l'expédition d'Alger, qui ne sont pas sans une espèce d'intérêt, et que la rapidité des événemens nous a empêchés de relater dans le cours de cet ouvrage.

Une lettre écrite d'une maison de campagne près d'Alger, le 30 Août, et apportée à Marseille par la gabarre française *la Ciotat*, donne les détails suivans :

« Les forts et batteries de la marine algérienne, qu'on regardait comme redoutables, sont presque tous démolis. Leurs navires armés, à l'exception d'un brick de vingt-deux canons, d'une goëlette de quatorze et d'une demi-galère, sont brûlés, ainsi que leurs chaloupes canonnières et bombardières. Les bombes et les boulets des Anglais ont endommagé beaucoup de maisons de cette ville : celles de MM. les Consuls ont été toutes atteintes, et plus ou moins maltraitées. Comme nous nous étions peu pressés, M. le Consul de France et moi, de sortir de la ville, à cause de la curiosité qui nous retenait, nous partîmes enfin, au bruit d'environ trois cents pièces d'artillerie, pour nous rendre à une maison de campagne située à un quart de lieue d'Alger. Nous fûmes suivis d'une foule immense de Maures, de Juifs et d'enfans qui fuyaient les boulets et surtout les bombes ; ces dernières, et même quelques boulets de trente-six, ont dépassé la ville et ont atteint quelques-uns de ces pauvres fuyards. Nous ignorons encore les dommages qu'a éprouvés la flotte anglaise ; nous avons remarqué un de ses vaisseaux assez maltraité. Le bombardement a duré depuis deux heures et demie après midi, jusqu'à environ onze heures du soir, ce qui fait huit bonnes heures du plus terrible bruit qu'on ait jamais entendu. Il faut espérer que ce bruit retentira long-temps aux oreilles des pirates, et leur fera passer à jamais l'envie de troubler la marine des états chrétiens. »

Une lettre particulière, du 30 Août, donne encore les détails suivans sur le bombardement d'Alger :

« Le vaisseau-amiral lâcha ses bordées des deux côtés, pendant cinq heures, sans relâche ; aussi, lui est-il resté à peine assez de poudre pour une seule bordée ; d'un côté ses batteries tiraient sur le môle, et de l'autre sur la ville et la marine. Si les forts avaient répondu avec la même vivacité à notre feu, notre position eût été très-critique. Il est remarquable que les boulets de l'ennemi n'ont presque pas atteint les ponts intérieurs de nos vaisseaux, en sorte que nos plus gros canons ont pu tirer sans interruption, et ont fait trois fois plus de ravage qu'ils n'en font ordinairement. Plusieurs vaisseaux algériens du môle, après avoir brûlé presque jusqu'au niveau de l'eau, passèrent à peu de distance de nos vaisseaux ; heureusement ils ne les touchèrent pas, sans quoi nous aurions pu brûler avec eux. »

Le brillant succès des Anglais à Alger ne fit pas une grande sensation en France. On prodigua les plus grands éloges à la bravoure du Dey et de ses sujets. Sans rabaisser la bravoure du Dey, plus cet ennemi a montré de courage et d'opiniâtreté dans sa défense, plus il est glorieux de l'avoir vaincu. Mais, ajoute-t-on, nous voyons dans tout ceci que lord Exmouth a reconnu, par un traité stipulé au nom de son pays, l'existence individuelle d'une puissance qui, jusqu'à ce jour, n'a été traitée que comme *vassale* de la Sublime Porte : 370,000 piastres ne peuvent indemniser la Grande Bretagne d'un million sterlings sacrifié pour cette expédition ; et, de plus, on peut demander quelle est la garantie que les pirates donneront que les prisonniers de guerre européens ne seront plus traités en esclaves.

Il suit de ce raisonnement qu'il aurait fallu que la marine anglaise dirigeât ses hostilités, non contre Alger, mais contre la Porte, sa *suzeraine*. Mais la Porte aurait pu à bon droit nous dire : « Ce prétendu vassal de ma » puissance en est aussi indépendant que le Cham de » Tartarie. »

D'ailleurs, ce n'est pas la première fois qu'une puissance européenne a traité avec Alger comme avec une puissance indépendante de la Porte. La France l'a fait plusieurs fois ; les Anglais l'ont fait aussi. Nous avons sous les yeux le traité de paix conclu, en l'année 1662, entre Charles II et le Bacha d'Alger. Pas un seul mot ne le désigne comme étant vassal de la Porte. Il y est reconnu comme puissance indépendante. Le traité stipule la mise en liberté de tous les sujets du roi de la Grande Bretagne, qui sont actuellement esclaves, *en payant le prix auquel ils furent vendus la première fois au marché*.

Sans entrer dans la discussion des raisons pour ou contre, reste à savoir si les Barbaresques tiendront les clauses du traité que l'Angleterre a fait avec eux; et si, comme on peut le présumer, elles venaient à l'enfreindre, que fera alors la Grande Bretagne? Ira-t-elle de nouveau bombarder Alger et dépenser un million sterlings pour avoir le plaisir de châtier des brigands prêts à recommencer, à la première occasion, leurs courses dévastatrices? Pour moi, je ne doute point que l'Angleterre ne fasse pas ce que l'honneur, la justice et la sûreté générale lui prescrivent d'une manière si impérieuse (1)!

CHAPITRE XII.

Lorsque lord Exmouth quitta Alger, quelques politiques crurent qu'il dirigerait sa marche vers Tunis et Tripoli,

---

(1) Je me suis beaucoup étendu sur cette expédition de lord Exmouth, parce qu'elle me paraît très-importante en soi et même très-utile dans le moment actuel, attendu qu'on va faire la guerre aux nations barbaresques, et bombarder principalement la ville et les batteries d'Alger; car cette mémorable expédition peut servir de modèle à toutes celles que l'on pourra faire dans le temps contre cette bande immense de voleurs constitués en forme de gouvernement tyrannique. On y trouvera un exemple digne d'imitation, tant dans le chef illustre que dans les officiers et autres subalternes qui ont coopéré d'une manière si active, exécuté avec tant d'exactitude, de précision et de promptitude, les ordres qui leur étaient donnés, et qui ont déployé tant de courage, d'énergie, de sang-froid, de désintéressement et de clémence dans cette affaire de justice et d'humanité.

avant de retourner en Angleterre. Ils étaient dans l'erreur ; et l'on ne peut l'attribuer qu'à un défaut de raisonnement, si l'on veut réfléchir un instant sur tout ce qui a précédé le bombardement d'Alger ; ainsi, nous allons reprendre les choses de plus haut, pour démontrer que lord Exmouth ne pouvait ni ne devait aller bombarder ces deux villes.

Au commencement du printemps, cet amiral reçut des instructions pour négocier avec les puissances barbaresques, pour que les îles Ioniennes fussent traitées comme possessions anglaises, et afin de conclure un traité de paix avec ces puissances et les royaumes de Naples et de Sardaigne, et enfin, s'il était possible, pour obtenir l'abolition générale de l'esclavage des Chrétiens.

Le Dey d'Alger fut le premier à qui il s'adressa ; il consentit immédiatement à considérer les îles Ioniennes comme ayant droit aux priviléges du pavillon anglais, et à faire la paix avec Naples et la Sardaigne ; mais il éloigna toutes les propositions tendantes à abolir l'esclavage.

Lord Exmouth partit donc pour Tunis et Tripoli, où il conclut avec les deux Beys un arrangement semblable à celui qu'il avait fait avec Alger ; mais avec l'addition importante d'une déclaration signée, par laquelle ils promettent de ne plus faire esclaves les prisonniers de guerre, et de se conformer, à leur égard, aux usages des nations européennes.

Lord Exmouth retourna à Alger dans la vue d'amener le Dey à signer une pareille déclaration ; mais, après beaucoup d'altercations, le Dey déclara qu'étant sujet de la Porte, il ne pouvait consentir à de semblables conditions sans la permission du Sultan, et qu'il enverrait un ministre à Constantinople pour la demander. Et, en effet, un ambassadeur algérien partit pour cette capitale sur la frégate *le Tagus* (1).

Les Beys de Tunis et de Tripoli ne prirent aucune part à la querelle, et ils paraissent disposés à garder les traités avec bonne foi. Ainsi donc on n'avait aucun motif de leur chercher dispute.

On a dit, il est vrai, que les janissaires révoltés, qui se sont échappés de Tunis, ont commis quelques pirateries dans le Levant; mais bien loin d'être autorisés par le Bey, ils avaient tenté de l'assassiner.

CHAPITRE XIII.

Si l'on en croit les papiers anglais, la joie générale que produisit en Angleterre le succès de son expédition contre Alger, est justifiée également et par les motifs désintéressés de cette expédition, et par la splendeur avec laquelle elle fut achevée.

Plusieurs fois la violente rapacité des Algériens les avait portés à violer le droit des gens et les lois de l'humanité, et a tiré sur eux la vengeance des grandes puissances maritimes de l'Europe; mais jamais leur châtiment n'a été si complet, si prompt et si efficace qu'aujourd'hui.

En 1541, le célèbre *Charles Quint* fit sortir contre eux de ses ports un armement considérable, et fit le siége devant Alger avec une grande armée. Mais son entreprise ne produisit qu'une suite de revers, et enfin elle fut entièrement ruinée par la vigoureuse résistance des Algériens, par la tempête qui assaillit sa flotte, et par les

(1) On ignore encore aujourd'hui quelle réponse la cour ottomane a faite à l'envoyé d'Alger.

maladies toujours plus destructives, qui atténuèrent ses troupes.

Louis XIV fut plus heureux, mais ses exploits ne sont point peut-être comparables à ceux de lord Exmouth. Ce roi fit bombarder Alger trois fois. La première en 1682; ce fut alors que les galiotes à bombes furent employées pour la première fois par un ingénieur nommé Renaud: une partie de la ville fut brûlée par le feu de ces bâtimens, et les Barbaresques furent réduits à une capitulation; mais ils l'observèrent si mal, que ce monarque fut obligé de recommencer l'année suivante, et ensuite six ans après. La ville souffrit beaucoup dans ces deux attaques: plusieurs vaisseaux furent brûlés, et le Dey fut obligé de rendre tous les esclaves chrétiens et de payer une grande somme au conquérant. Mais il ne paraît pas que le gouvernement d'Alger ait jamais renoncé solennellement à l'esclavage des Chrétiens, jusqu'à ce qu'il y ait été forcé par lord Exmouth.

On ne doit guère s'attendre qu'un serment ainsi extorqué sera religieusement observé. Mais, comme l'escadre anglaise a montré ce que pouvaient faire la résolution et la bravoure; et comme elle a déployé ces qualités pour l'avantage des autres nations (car jamais les Algériens ne se sont hasardés à attaquer un vaisseau anglais), on doit espérer que leurs pirateries seront à l'avenir réprimées par ceux dont les intérêts seront le plus exposés.

Cependant il faut avouer que la besogne n'a été qu'à moitié faite, que l'ouvrage n'a été encore consommé, et qu'on doit s'attendre à recommencer au premier jour: tant il est vrai que des demi-mesures sont presque toujours préjudiciables et même dangereuses! Il ne faut pas seulement châtier des brigands, mais il faut les réduire à l'impuissance totale de faire du mal à l'avenir. Non, il faut nécessairement des mesures vigoureuses, répressives et effectives pour mettre fin à un tel désordre, le scandale et l'insulte de l'Europe civilisée. Ces mesures ou moyens consistent en ce qu'on établisse des garnisons fortes et permanentes dans ce pays-là. Il faut d'abord que les différentes puissances européennes s'entendent, se réunissent et commencent par y envoyer des forces considérables et imposantes de terre et de mer, afin qu'on puisse attaquer les batteries et la ville en même temps et de tous côtés, par mer et par terre, pour qu'en divisant ainsi leurs forces et leur attention, et en paralysant leurs efforts, on puisse les combattre avec plus de facilité et plus de succès ; oui, il faut, dis-je, y envoyer au plus tôt des forces considérables, suffisantes, capables de combattre victorieusement et assujettir complètement ces nations barbaresques qui ne veulent respecter le droit des gens, obéir aux grandes et universelles lois de la société et de la civilisation ; prendre possession ensuite de leurs forts et y établir partout des garnisons considérables, capables d'intimider, de tenir en échec ces Barbares, leur faire observer les lois générales des nations, leur donner ensuite de bonnes lois, des chartes appropriées à leur état social, au degré de civilisation qu'ils ont atteint, et à tous leurs autres divers besoins politiques, moraux et religieux. C'est seulement par ce moyen, non moins simple que praticable et utile, qu'on puisse espérer d'arriver sûrement au but si longtemps et si ardemment désiré de réduire ces gens, de les ramener aux règles invariables de la raison et de l'ordre desquelles ils se sont si criminellement écartés, et de mettre enfin un terme à leurs brigandages et autres atrocités révoltantes. Puissent les grandes et petites puissances de l'Europe s'entendre sur un sujet si important pour les intérêts de la société, de l'ordre, de l'harmonie, de l'équilibre politique, de l'humanité, de la justice, du commerce, de l'industrie, en un mot, de tout ce qui touche de plus près le bien général de l'espèce humaine, afin qu'un scandale si long-temps et si malheureusement existant disparaisse à jamais du globe terrestre!

CHAPITRE XIV.

Chaque jour apportant de nouveaux détails sur l'expédition d'Alger, nous croyons devoir rapporter ceux consignés dans une lettre datée de Gibraltar, du 12 Septembre.

Cette lettre porte qu'après l'affaire, un grand nombre d'Anglais, qui avaient reçu la permission de débarquer, avaient été insultés par les habitans qui leur avaient jeté de la boue et des pierres, et avaient même osé faire feu dessus. Cependant ces marins, à qui lord Exmouth avait recommandé de tout faire pour éviter une querelle, souffrirent toutes ces insultes avec la plus grande patience. Le môle et les fortifications sont en ruine : le phare est abattu.

Le vaisseau *l'Imprenable*, qui était embossé en face d'une batterie à deux étages, eut bientôt nettoyé l'étage supérieur; mais les Algériens qui servaient la batterie basse, étaient si complètement à couvert, qu'il avait été impossible de les en déloger. Ce vaisseau a extrêmement souffert, et trente hommes sont morts, à bord, des suites de leurs blessures, depuis que l'état officiel a été adressé à l'amirauté.

Il a été tiré près de dix mille boulets, qui tous ont

porté, s'il faut en croire l'auteur de la lettre. C'était le seul vaisseau de l'escadre qui fût encore arrivé à Gibraltar, où toute la flotte, qui a été horriblement maltraitée, devait nécessairement se rendre pour se réparer. *L'Imprenable* prenait de nouveaux mâts.

Tandis que les puissances barbaresques comptent au nombre de leurs principes religieux et de leurs droits politiques la piraterie et le trafic des prisonniers chrétiens qu'elles réduisent en esclavage, l'empereur de Maroc (chose assez étonnante!) montre une politique plus prudente ou plus éclairée; il vit en bonne intelligence avec les Européens. Ce prince et le gouverneur de Gibraltar se sont envoyé réciproquement de riches présens.

L'expédition de lord Exmouth a brillamment et complètement réussi. Malgré la vive résistance des Barbaresques, leur marine a été détruite, une grande partie de leur ville brûlée; ils ont perdu leurs trésors et rendu leurs captifs. Le feu de l'escadre anglaise était terrible; le vaisseau de l'amiral a tiré trois mille coups de canon; de manière qu'il semblait un volcan en fureur, qui vomissait des torrens de flammes et de laves destructives qui coulaient de toutes parts; ou bien un nuage épais et rougeâtre du sein duquel sortaient, s'élançaient à chaque instant des éclairs vifs et meurtriers, foyer de matières combustibles, siége de destruction, où grondait d'une manière effroyable le tonnerre le plus menaçant et le plus redoutable. Le lendemain du combat, le Dey d'Alger a signé un traité dont les conditions principales sont l'abolition perpétuelle de l'esclavage des Chrétiens, la délivrance de tous les captifs et la restitution de toutes les sommes déjà reçues pour leur rachat, depuis le commencement de l'année.

La perte des Anglais fut considérable; l'amiral a reçu

plusieurs blessures. Il n'est que trop commun de voir séparer les deux choses qui devraient, pour le bonheur des hommes, être le plus inséparablement unies, la politique et la morale; il est cependant rare d'oser les opposer l'une à l'autre avec autant de bonne foi qu'un certain journaliste qui soutenait pour lors que l'Angleterre ne devait pas se montrer l'ennemie irréconciliable des régences barbaresques, parce qu'elles avaient été souvent fort utiles au commerce de la Grande Bretagne.

Tout homme ami de l'humanité doit se réjouir de la défaite des pirates. Si elle laissait quelque chose à désirer, ce serait plutôt un accord entre toutes les puissances maritimes pour anéantir ou mettre à la raison les Barbaresques; car aucun traité, quelque juste et solennel qu'il soit, n'est sacré pour eux; ils n'ont de revenu que le pillage; il est même à craindre qu'en continuant leurs brigandages, ils ne massacrent désormais les prisonniers chrétiens qu'ils ne peuvent plus garder comme esclaves.

Le vice-amiral Milne, envoyé par lord Exmouth pour porter au gouvernement anglais les dépêches originales de la victoire d'Alger, est entré, après quelques jours, avec le vaisseau *le Léandre*, à Plymouth, et s'est mis aussitôt en route pour Londres; mais il y avait été devancé par le capitaine Brisbane, porteur des doubles de ces dépêches.

Le vice-amiral Milne, né à Endimbourg, entra au service de la marine en 1778. Il fit, en qualité de contremaître, la guerre d'Amérique, sous l'amiral Cornwallis, sur le vaisseau *le Canada*, qui remporta, en 1781, une victoire sur *la Ville de Paris*. Dans ce temps, l'amirauté anglaise ne récompensait pas les services de la marine d'une manière aussi équitable qu'elle le fait aujourd'hui.

Aussi M. Milne, ne trouvant pas d'avancement dans la marine royale, entra au service de la Compagnie des Indes, où il ne tarda pas à se distinguer. A l'arrivée de la flotte du lord Saint-Vincent (alors sir J. Jervis) aux Indes, cet amiral, le connaissant comme un excellent officier, le nomma lieutenant de la frégate commandée par le capitaine Falconer. C'est cette frégate qui livra le fameux combat contre *la Blanche*. Déjà les deux frégates, désarmées et démâtées, se trouvaient dans un état déplorable, et déjà tous les bateaux étaient détruits, sans que la victoire se fût déclarée, lorsque M. Milne, ayant vu son capitaine tué, se jeta à la nage, avec deux marins, ayant tous un sabre entre les dents. Ils abordèrent *la Blanche* et s'en rendirent maître. Nommé, à la suite de cette action brillante, commandant de *la Seine*, il prit avec ce vaisseau la frégate française *la Vengeance*, après un combat opiniâtre où il montra des talens peu communs.

Lord Exmouth ne le connaissait point, lorsqu'il lui fut adjoint par l'amirauté en qualité de commandant en second. Il a trouvé en lui un compagnon très-utile, et il est heureux que, dans une affaire aussi importante, l'habileté du commandant en chef ait été si bien secondée.

Le capitaine Brisbane, du vaisseau-amiral, a été présenté par lord Melville au prince régent, qui lui a conféré le titre de chevalier. Il s'appelle maintenant sir James Brisbane.

CHAPITRE XV.

Le 26 Septembre, il se tint un conseil de la commune de Londres pour la rédaction d'une adresse de félicitations au prince régent, au sujet de la victoire de la flotte anglaise à Alger.

M. Brown : Je pense que nous sommes tous d'accord sur l'importance de la victoire, et que nous désirons en témoigner notre reconnaissance au prince régent, ainsi qu'à l'amiral à qui ce succès est dû. Ce ne sont point des vues d'intérêt qui ont engagé notre gouvernement à une entreprise aussi périlleuse; c'est le désir généreux de délivrer les plus faibles puissances chrétiennes des agressions des pirates; et l'Europe, de la honte et du malheur de voir des Chrétiens plongés dans le plus affreux esclavage par des Infidèles et des Barbares. Je ne m'étendrai point sur notre victoire; je ferai observer seulement qu'elle est due à notre marine qui, depuis quelques années, n'a pas eu occasion de se signaler. Dans des circonstances aussi importantes, il a toujours été d'usage que la commune de Londres portât ses félicitations au pied du trône. Ainsi, je propose une adresse au prince régent.

M. Dixon : Cette motion, qui n'a aucun rapport avec l'esprit de parti, aura sans doute l'assentiment de tous les membres de cette commune. Une circonstance particulière de la victoire de lord Exmouth prouve la bravoure et le bon esprit de nos marins. La force navale, qui vient de faire des prodiges devant Alger, a été rassemblée après qu'une grande partie de la marine avait été licenciée; les officiers et les marins avaient à peine eu le temps de se connaître; cependant il y a eu un accord parfait entre leurs efforts. Il était honteux pour la chrétienté de souffrir que de petits états de pirates troublassent le commerce des puissances faibles, et traînassent des hommes libres dans l'esclavage. N'éprouvant pas nous-mêmes les vexations de ces forbans, nous ne pouvons avoir, en les châtiant, d'autres motifs que la générosité et la tranquillité des autres états. C'est ce que nous avons montré après la victoire.

Les esclaves de chaque État chrétien ont été restitués, d'abord, non à leurs gouvernemens respectifs, mais à la flotte britannique ; et les rançons, payées récemment pour la délivrance des esclaves, nous ont été remises, non comme une prime pour nos marins, mais comme un dépôt dont nous sommes responsables à l'égard des puissances auxquelles ces rançons avaient été extorquées.

M. Favell : Il est certain qu'aucune de nos victoires navales des derniers temps n'a eu des résultats pareils ; la délivrance des esclaves et l'abolition de l'esclavage.

La motion d'une adresse a été enfin adoptée, ainsi que sa rédaction.

M. Brown : La commune a encore un autre devoir à remplir, c'est de voter des remercîmens à lord Exmouth, l'amiral de la flotte victorieuse ; à l'amiral Milne, aux capitaines, officiers et marins qui ont si bien secondé les commandans. (Adopté). Il est aussi d'usage, dans de pareilles circonstances, d'ajouter un présent aux remercîmens de la commune. En conséquence, je propose que le diplôme de la franchise de la cité et un sabre de la valeur de deux cents guinées soient présentés à lord Exmouth, comme un témoignage de la reconnaissance et de l'estime du conseil de la commune, pour le zèle, la bravoure et le talent que cet amiral a déployés dans l'attaque d'Alger et dans les négociations qui ont amené l'abolition de l'horrible esclavage des Chrétiens.

M. White : J'aurais quelques objections à faire sur cette motion. D'abord, l'état des finances de la ville ne permet pas de faire des dépenses qui n'ajouteraient rien à l'expression de nos sentimens, et auxquelles notre marine ne s'attend sûrement pas. D'ailleurs, je désirerais que tout ce qui a rapport dans la motion au traité de paix fût supprimé, comme étant prématuré et inconvenant ; je dis prématuré, parce que nous ne sommes pas encore à même de décider jusqu'à quel point ce traité est sage ; et inconvenant, parce qu'un officier de marine mérite de la reconnaissance pour le succès de ses armes, et non pour les négociations qui en sont la suite.

M. Griffiths : Il me semble aussi que la commune ne se trouve pas dans une situation financière assez florissante pour employer de si grandes sommes à l'achat des sabres ; je crois même qu'elle doit mettre la plus grande économie dans ses dépenses.

Au moment où M. Griffiths commence à entrer dans des détails sur les finances de la ville, on fait retirer le public. A sa rentrée, la motion est adoptée. Le conseil vote ensuite le présent d'un sabre de cent guinées avec la franchise de la cité à l'amiral Milne. Le lord-maire est chargé de l'acquisition des deux présens.

Le 2 Octobre, le prince régent a tenu une cour à Carlton-House, pour recevoir l'adresse de félicitations du lord-maire et du conseil de la commune de Londres, au sujet de la victoire navale remportée par lord Exmouth sur le Dey d'Alger. Le cortége du corps municipal était ouvert par les deux maréchaux de la cité, en grand costume et à cheval. Venaient ensuite le carrosse de gala du lord-maire, et les voitures des aldermans, shérifs, etc., etc. Arrivés au palais de Carlton, les membres du corps municipal furent conduits à la salle du trône dans l'ordre suivant : les massiers, le porteur de l'épée de l'état, le chapelain du lord-maire, les gentilshommes de sa maison, le lord-maire en grande robe, les aldermans, les nouveaux shérifs, etc., etc. Le prince régent les reçut assis sur son trône et entouré de plusieurs ministres, des officiers d'état, d'une partie de sa cour, etc., etc. Le *recorder* lut ensuite l'adresse suivante de la ville au prince régent :

« Sous le bon plaisir de V. A. R., à l'effet de présenter nos félicitations sincères sur la victoire récente obtenue par la flotte sous le commandement de lord vicomte Exmouth, devant Alger, et sur la signature d'un traité dicté par V. A. R., dans lequel brillent un désintéressement et une générosité dignes d'un prince anglais ; accoutumés à contempler et à admirer la vigueur du ministère anglais et les efforts victorieux que fait l'héroïsme britannique dans la cause de la justice et de l'humanité ; et ayant été témoins, dans les dernières années, de la splendeur de nos triomphes militaires, nous apprenons avec la plus vive satisfaction, par la dernière expédition, que l'esprit qui a animé les Howe, les Saint-Vincent, les Duncau et les Nelson, a été transmis à leurs successeurs ; et que, sous la protection de la Providence, l'Angleterre peut confier à sa marine la défense de ses droits et la vengeance de ses injures.

» En félicitant V. A. R. de ce grand et glorieux événement, nous désirons, avec le noble commandant de l'expédition, en attribuer la gloire à qui elle est principalement due ; et tandis que nous partageons la joie générale occasionnée par la réduction d'un gouvernement féroce à la raison et par l'abolition perpétuelle de l'horrible usage de l'esclavage chrétien, nous honorons, dans le commandant en chef et dans ses compagnons d'armes, les instrumens des profonds desseins de l'Être tout puissant qui *a enseigné la guerre à leurs mains, le combat à leurs doigts.* Nous apprécions pleinement la justice de V. A. R. dans la promptitude avec laquelle vous avez conféré des distinctions honorables au commandant en chef et à plusieurs officiers qui ont été engagés dans cette entreprise périlleuse. En se conduisant d'une manière aussi honorable, et en récompensant ainsi le mérite éminent, V. A. R. et le gouvernement accompliront, nous en sommes persuadés, les vœux d'un peuple loyal et reconnaissant. Puissent, sous le règne de V. A. R. et de ses descendans, les bienfaits de notre heureuse constitution se propager dans ce royaume jusqu'à la dernière postérité! Telles sont les prières les plus ardentes des citoyens fidèles de la ville de Londres. »

Le prince régent a répondu avec bienveillance aux félicitations du corps municipal, qui a été admis ensuite à l'honneur de baiser la main de S. A. R., et il est parti dans le même ordre qu'il était venu.

Le vice-amiral sir D. Milne, introduit par l'officier d'armes de l'ordre du Bain, a reçu des mains du prince régent la décoration de commandeur de cet ordre.

CHAPITRE XVI ET DERNIER.

L'institution anti-pirate, hôtel du Congrès, rue Saint-Honoré, n°. 364, à la tête de laquelle est sir Sidney Smith, est loin, à ce qu'il paraît, de son but comme rempli par l'expédition des Anglais contre Alger; sa séance du 29 Septembre 1816 devait être remplie, selon le programme, de la manière qui suit :

1°. Lecture sera faite des rapports des chevaliers et autres membres coadjuteurs et correspondans qui se sont employés avec activité et avec fruit aux objets ultérieurs de l'institution sur les côtes et dans l'intérieur de l'Afrique.

2°. On s'occupera des moyens d'avoir l'œil sur les *prisonniers de guerre* que les pirates peuvent continuer de faire sur les nations avec lesquelles ils ont l'insolence de se dire en état de guerre, et qui n'ont ni une marine militaire formidable, ni un pavillon, ni un représentant officiel près des régences, pour faire respecter les principes reconnus et les personnes qui peuvent tomber entre leurs mains ; on s'occupera aussi des moyens à employer pour ne pas perdre de vue les captifs qui seront mis dans des donjons, sans air ni exercice, et plus mal nourris que jamais, sous le système actuellement reconnu et admis, l'état de ces malheureux n'ayant en effet changé que de nom entre les mains de pareils maîtres.

3°. Il sera procédé à la considération des mesures à prendre et des moyens disponibles à employer pour recouvrer les esclaves transportés par force, ou réfugiés hors du territoire sujet au Dey d'Alger, qui ne peuvent pas jouir de l'avantage de la stipulation faite en leur faveur, même en supposant la bonne foi et la sincérité personnelle du Dey ; et pour reconnaître d'une manière convenable et digne de la société les services des Arabes et des Maures qui, par la faveur et sous les auspices de l'empereur de Maroc, ont délivré des esclaves blancs de l'intérieur, afin d'encourager cette louable pratique, et afin de les engager à continuer l'exercice de cette charitable recherche.

4°. On s'appliquera à la considération des moyens à adopter pour rechercher les repaires des pirates et pour empêcher l'exécution de leur plan connu, et malheureusement déjà réduit en pratique, de ne plus faire de captifs (puisqu'il ne leur est pas permis de les réduire en esclavage, ni de les faire travailler avec les bêtes), en égorgeant les équipages et les passagers des petits bâtimens naviguant sur les côtes de la Méditerranée, et surtout de l'Adriatique.

5°. Examen sera fait des qualités et des moyens de deux personnes dont une née à *Mogodor,* parlant sa langue maternelle (l'arabe) et plusieurs langues européennes; ces deux personnes s'offrant pour faire le voyage dans l'intérieur de l'Afrique, et même jusqu'à *Tombut,* pour faciliter le but de l'institution et pour vérifier les rapports de *John Adams,* naufragé sur la côte de Maroc, transporté comme esclave jusqu'à cette capitale de l'empire des Nègres, et délivré par l'humanité et la justice de l'empereur de Maroc.

6°. Il sera soumis à l'inspection des souscripteurs, le modèle d'un radeau d'inondation à roulettes, propre au trajet des isthmes et au passage des bras de rivières, à la navigation des lacs, des grands et rapides fleuves de l'intérieur de l'Afrique, sujets à l'inondation bis-annuelle, et cela même contre le courant; ces radeaux étant construits dans l'intention d'être infiniment divisibles, afin de pouvoir être transportés à travers les plaines arides et les montagnes escarpées, sur le dos des bêtes de somme, et même à main d'hommes. Ils sont insubmersibles et peuvent être facilement dégagés, s'ils viennent à toucher les bas-fonds et les bancs mobiles; ils offrent en même temps une habitation et un asile isolé et inaccessible, à l'abri d'un coup de main, dans les parages où *Mungo-Park* a trouvé, dans un bateau ordinaire, des dangers et des obstacles de la part des tribus hostiles.

7°. Tout chevalier d'un ordre royal, ou dont un Souverain légitime est ou a été grand maître ou membre, a droit d'entrer dans cette quatrième réunion générale de l'institution.

8°. Sera bien venue et bien accueillie toute autre personne présentée par un membre souscripteur, comme lui désirant voir et contribuer *à faire cesser entièrement* les maux affligéans et déshonorans, déjà tant diminués par le dévouement et le nerf des forces navales anglaises agissant devant Alger.

9°. L'influence constante de l'institution et la coopération de ses membres adhérens et correspondans actifs et éloignés n'ont pas cessé et ne cesseront pas : il y en a à Constantinople, à Tripoli, à Tunis, à Alger et à Tanger, dans toutes les capitales de l'Europe et de l'Amérique, dans la plupart des grands ports, et surtout dans ceux de la Méditerranée. Leurs hauts faits sont et seront enregistrés et serrés dans les archives avec les expressions de reconnaissance qui leur sont dues, et plus particulièrement ceux du chevalier baron lord Exmouth, qui a effectué par négociation tout ce que l'on pouvait désirer à Tunis et à Tripoli, et tout ce qu'une flotte seule pouvait faire à Alger; afin que chacun individuellement puisse avoir la part qui lui appartient, et que les matériaux véridiques soient à portée des historiens futurs; la récognition de l'abolition de l'esclavage des blancs en Afrique faisant déjà époque dans ce siècle, et *l'accomplissement de l'abolition entière* du système qui désole ce vaste continent et retarde sa civilisation si fortement désirée, devenant journellement, par le progrès de l'institution, de plus en plus praticable.

Signé W. SIDNEY SMITH, *président*.

Quel triste spectacle! quel affligeant tableau nous présente l'état actuel de l'Afrique! Là vivent des brigands qui préfèrent les honteux bénéfices de la piraterie à la culture d'une terre de promission. Ce magnifique pays, où pourraient être aisément naturalisées bien de productions coloniales, doit être l'objet d'une détermination particulière des cabinets européens. On se promit dans le traité de Tilsitt d'en faire la conquête en faveur du roi de Sardaigne, qui serait ainsi dédommagé de la perte de ses états d'Italie. Mais il serait mieux qu'on arrangeât de manière que chacune des puissances européennes eût une certaine étendue du territoire pour y envoyer le surcroît de sa population : ce serait le moyen le plus sûr de retenir les Barbares et conserver la paix entre ces différentes puissances, en ôtant tout motif, tout prétexte de jalousie et de mécontentement.

L'Afrique septentrionale fut jadis le grenier de Rome; occupée par une population industrieuse, elle pourrait devenir infiniment utile à l'Europe : pourquoi donc les différens états n'y transporteraient-ils pas la surabondance de leur population? et qui les empêcherait d'y fonder des colonies? Ce grand projet, qui est loin d'être abandonné par quelques membres des gouvernemens, a toujours été fortement recommandé par tous ceux qui ont écrit sur l'économie politique et morale. La côte septentrionale de l'Afrique est plus à portée de l'Europe que tant de contrées qu'elle s'est empressée d'occuper au loin. Si, dans les quatre différentes parties du monde, on a rendu les peuples heureux, en les délivrant de la tyrannie et de l'oppression, pourquoi montrerait-on moins d'intérêt pour des peuples plus voisins, et qui seraient pour eux la source des plus grands avantages?

Il est donc fâcheux que toutes les différentes expéditions qu'on y a envoyées jusqu'ici n'aient pris possession d'Alger au nom de leurs gouvernemens respectifs.

Ce que l'on peut dire de l'effet de la domination turque sur l'Égypte et sur la Syrie, peut aussi s'appliquer aux Algériens et aux peuples des régences. Le caractère des nations dépend de la nature des gouvernemens établis chez elles. Si les hommes sont certains de jouir paisiblement du produit de leur industrie, ils deviennent industrieux. On convertira donc une nation de voleurs en un peuple d'honnêtes et de pacifiques gens, et ils deviendront consommateurs des produits des manufactures des différens pays de l'Europe.

On conçoit, en effet, facilement qu'il serait très-avantageux pour l'Europe d'avoir les clefs du grenier de Rome : le commerce des grains serait pour elle d'un prix infini en mille différentes circonstances; cette contrée lui fournirait volontiers les oranges, les dattes, les olives, etc., etc., que les spéculateurs tirent d'Alger pour les répandre dans toute l'Europe. La vigne est faiblement cultivée dans ce beau pays où des préjugés religieux font négliger cette plante. Plusieurs peuples du nord sauraient lui rendre l'hommage qui lui est dû; ils feraient des bénéfices considérables sur les fourrures et encourageraient les chasses sur les flancs du mont Atlas et dans le désert de Sahara. L'Atlas est couvert d'excellent chêne et d'autres bois propres à la construction : l'Europe les ferait exploiter et les convertirait, dans les chantiers d'Alger, en vaisseaux de guerre ou en navires marchands.

Animée du noble désir de venger l'humanité insultée, l'honneur de l'Europe depuis long-temps outragé, la France (1) s'arme dans ce moment et prépare une grande

(1) On prétend aussi que les Russes et les Anglais doivent prendre part à cette guerre. Et, en effet, on a écrit, il y a quelques jours, d'Ancône que l'escadre russe doit se rendre à Cagliari, d'où elle sera à même de se porter devant Alger pour concourir aux opérations des Français contre cette régence. D'un autre côté, les

expédition qu'elle va envoyer contre Alger. Cette expédition se compose de forces considérables et de terre et de mer. Il est à désirer, dans l'intérêt de l'humanité, de l'ordre, de la justice et du commerce, qu'elle réussisse, et que les efforts généreux et magnanimes de ces vaillans guerriers soient couronnés d'un plein et entier succès; succès que méritent également et les nobles sentimens qui les animent et la belle cause pour laquelle ils vont combattre. Il n'y a pas le moindre doute que leur bonne discipline, leur courage et leur fermeté triomphent bientôt des efforts mal combinés d'une armée de Barbares indisciplinés, lâches, ignorant la tactique et l'art de la guerre. C'est par l'adresse et l'activité que l'on déploiera en attaquant la ville et les batteries par mer et par terre en même temps, que l'on doit arriver à ce résultat heureux et tant désiré. C'est seulement en suivant cette marche, et en poursuivant les opérations avec vigueur et constance, que l'on peut espérer de repousser l'ennemi, de le chasser de ses repaires et de ses derniers retranchemens, et de remporter sur lui une victoire signalée.

Outre ces sentimens nobles et généreux qui animent la France en faveur de l'ordre, de la justice et de l'humanité en général, il est à remarquer qu'elle a des injures personnelles à venger, et que l'expédition qui se prépare à Toulon contre la régence d'Alger, diffère, sur quelque point, de celles qui ont eu lieu depuis le commencement

---

Anglais auraient une division navale d'observation à Gibraltar, tandis que l'amiral de Rigny resterait dans l'Archipel pour s'opposer aux secours que les Turcs seraient tentés de porter à leurs coreligionnaires en Afrique. Il est très-probable que les Américains donneront la main également en cas de nécessité.

du 16e. siècle. Jusqu'à ce jour, les armemens ont eu pour objet principal d'arrêter les pirateries des puissances barbaresques ; celui qui s'organise aujourd'hui est destiné, en quelque sorte, à réparer l'honneur français outragé dans la personne de leur consul. Les journaux ont donné dans le temps des détails sur cette affaire, mais nous croyons tout à fait inutile de les reproduire ici.

Puisse donc l'armée française, qui marche maintenant contre Alger, animée d'un noble enthousiasme et de l'amour de la vraie gloire, d'un esprit enfin digne d'elle et de tant d'autres grandes armées sorties du sein fécond de sa patrie, combattre avec courage et succès l'ennemi! Puisse-t-elle, jalouse de cet honneur militaire dont elle est héréditaire depuis tant de siècles, et qui est pour ainsi dire inhérent à ses drapeaux, déployer une intrépidité et une activité auxquelles rien ne puisse résister, en se montrant toujours digne d'elle-même! Puisse, à sa présence redoutable, l'ennemi, couvert de honte et de confusion par l'idée de l'injustice de sa propre cause et de la justice de l'armée vengeresse, consterné et épouvanté, lui céder le terrain et se rendre à discrétion! Puisse le Dieu des armées l'accompagner sur le champ de bataille, l'animer, la soutenir de son bras tout puissant, être avec elle au plus fort du combat et lui faire obtenir la victoire! Puisse-t-il, se montrant favorable à son ardeur guerrière, dissiper les conseils des méchans et enchaîner la victoire au milieu de leurs drapeaux! Puisse son chef, comme un nouveau Machabée, conduire ses valeureux soldats à la conquête de la terre des Amalécites et à l'immortalité, en se parant ave ceux des lauriers qu'ils auront conquis! Puissent ces nouveaux Philistins, effrayés à l'approche de ces nouveaux Hébreux, perdre courage, éprouver un battement de cœur et s'enfuir précipitamment bien loin du lieu du danger! Puissent les troupes françaises (1), toujours fidèles à elles-mêmes, pleines d'une ardeur guerrière, s'avancer courageusement au lieu du combat et y faire voir une force et une énergie que rien ne puisse arrêter! Puissent leurs armes irrésistibles triompher de tous les obstacles, et leurs drapeaux victorieux flotter librement sur les remparts et au haut du sommet du môle d'Alger! Puissent-ils, guidés par un esprit d'humanité, après la victoire, montrer de la clémence aux ennemis vaincus et enchaînés à leurs pieds victorieux, et se couvrir ainsi d'une gloire immortelle! Puisse enfin cette campagne mémorable mettre fin et terminer à jamais les injustices, les crimes, les forfaits et les autres horribles brigandages de ces peuples cruels et coupables qui violent si honteusement et si effrontément les préceptes de la loi naturelle et de la morale universelle, le droit des gens, les lois de la paix et de la guerre, les convenances de la société, les règles de la civilisation, l'inviolabilité des propriétés, la foi des traités, la sainteté des sermens, tous les principes les plus clairs de la probité, de la justice, de la vérité, de l'honneur, etc.; et enfin tout ce qui est vénérable et sacré dans le ciel et sur la terre!

(1) Déjà la fortune semble favoriser les efforts généreux de nos intrépides soldats, car une dépêche télégraphique nous a annoncé, il y a quelques jours, que l'armée a occupé, le 13 Juin, la baie de Sidi-Ferruch, et que l'ennemi a été victorieusement chassé des positions qu'il avait prises.

FIN.

www.ingramcontent.com/pod-product-compliance
Ingram Content Group UK Ltd.
Pitfield, Milton Keynes, MK11 3LW, UK
UKHW020255250726
13967UKWH00004B/1689